디아스포라 휴머니티즈 총서 009

근대 관광잡지에
부유하는 조선

서기재 지음

観光朝鮮

深秋第三號

앨피

京城の女

김인승, 〈경성의 여자〉, 《관광조선》 II-5

근대 관광잡지《관광조선》의 탄생

필자는 수년간 한국의 근대 여행안내서에 대해서 연구해 왔고, 그 성과를《조선 여행에 떠도는 제국》(2011)이라는 책으로 출간한 바 있다. 이 과정에서《관광조선観光朝鮮》이 1939년 6월부터 1944년 12월까지(1940년 12월,《문화조선文化朝鮮》으로 개칭) 일본여행협회 조선지부에서 발행된 것을 알게 되어, 관련 연구를 바탕으로 이 책을 집필하였다.

일본인들은 식민 통치 이전부터 한반도가 대륙 진출의 교두보로서 중요하다는 점을 다양한 채널을 통해 인식하고 있었다.《조선팔도지朝鮮八道誌》(東山堂, 1887) 등을 통해, 조선의 지리적 정보는 '조선 알기'의 기초가 되었고, 이러한 지리적 정보를 바탕으로 교통시설이 구축되었다. 이에 따라 삶의 돌파구가 필요했던 많은 일본인이 조선에 정착하였고, 관광지도 교통의 요지를 중심으로 마련되었다.

미디어를 통한 한국 관광 소개는 1906년《오사카아사히신문大阪朝日新聞》과《도쿄아사히신문東京朝日新聞》의 만주·한국유람선에 대한 대대적인 광고에서부터 시작되었다. 이는 한국이 관광지로서 인식된 상징적 사건으로, 이 사업에서 일본은 성공적으로 모객할 수 있었다. 이후

'조선 관광'*은 조직적인 대륙 관광을 위한 전제로서 다양한 형태로 여행자들에게 꾸준히 제공되었다.

조선 여행안내서는 《공식 안내 동아시아AN OFFCIAL GUIDE EASTERN ASIA》(鉄道院, 1913)를 비롯한 기관 발행 안내서나 개인의 여행기, 단체 수학여행 기록, 그 외 다양한 형태의 여행안내서로 일본과 조선에 유포되었다. 그러나 이와 같은 지속적이고 다양한 정보 제공에도 불구하고 조선은 일본 대중들에게 여전히 관심 지역이 아니었다.

이러한 가운데 1938년 4월 만주를 소개하는 《여행만주》가 《관광동아》로 개제하며 동아시아를 아우르는 여행잡지로 거듭나게 되었고, 이는 《관광조선》 창간의 자극제가 되었다. 《관광조선》의 창간 주체, 즉 일본여행협회 조선지부의 일본인들은 '동아東亞'라는 이름 하에 묻혀 버릴 수도 있는 '조선朝鮮'을 열도일본에 다시 한 번 각인시키고자 했다. 열도일본인의 반도에 대한 무관심은 곧 반도에 있는 일본인에 대한 무관심과 같은 의미였기 때문이다. 《관광조선》의 편집자들은 이러한 상황에 대한 안타까움을 창간사를 통해 표현했다. 이들은 반도를 대륙과 차별화하고 '잠재력', '특수성'이라는 단어를 사용하여 한반도가 특별한 장소라는 점을 강조했다. 그리고 이 사실을 열도의 일본 대중이 알아야 한다고 설파했다. 열도일본인의 반도에 대한 '무관심 극복'이라는 측면은 《관광조선》 창간과 이후 발간이 가지는 중요한 의의였다고 할 수 있다.

---

* 본서에서는 일제강점기 한국을 조선으로 표기한다.

일제강점기, 일본 제국주의 실현을 위한 '욕망의 장'이었던 한반도는 일본인들의 새로운 삶의 터전이었다. 한반도로 이주한 일본인들은 다양한 문화 현상의 주도권을 가지고 있었으며 이를 향유하는 주체가 되었다. 그리고 당시 조선은 일본과 중국 및 서양 등의 다양한 문화가 혼재된 공간이었다. 특히 식민지 통치가 수십 년에 이르면서 조선에는 재조일본인在朝日本人이 70만 명이 넘어갔고 독립국가였던 조선을 경험하지 못한 조선인 세대가 시대의 흐름을 주도하고 있었다. 그 때문에《관광조선》에는 제국주의 정책 실현이라는 우산 아래에서 일상을 영위하는 재조일본인과 이들의 2, 3세, 그리고 일부 조선인들의 삶과 바람이 농축되어 있다. 일제 말기 자의 혹은 타의에 의해서 '조국(고향)'을 상실한 사람들'의 자기표현의 장이 되었던 것이다.

그렇기 때문에 식민지 말기 재조일본인이 주체가 되어 발행한《관광조선》은 과거의 이미지에서 벗어난 '새로운 조선'을 보여 주고자 했다. 기존에 발간된 조선 관광 안내 책자의 조선 묘사는 매우 추상적이고 정형화되어 있었다. 박물적인 형태의 문화재 소개나 스테레오타입의 조선인 이미지가 중심을 이루어 생동감 있는 사람들의 모습은 전경화되지 못했다. 그러나《관광조선》에서는 제국주의적 성격이 강하게 반영되면서도, 조선과 일본 사이의 긴밀한 관계 유지를 위한 실용적인 측면이 강조되었다.

《관광조선》편집 주체는 잡지를 읽는 '즐거움'을 유발함과 동시에 최대한 고유하고 독특한 정보를 독자에게 전달하는 것을 통해 새로운 '조선성朝鮮性'을 밀도 있게 다루었다. 그리고 조선의 관광지에 대한 정보 전달을 넘어 이 잡지를 통해 새로운 조선을 체험할 수 있도록 곳곳에 감각적 요소를 배치하였다. 이 '감각'을 전달하기 위해 조선에서 삶을 영위하는 개인에 주목하였으며, 이들을 바라보는 시선은 기대와 희망에 가득 차 있다.

이 책 1장은 《관광조선》 창간의 주변 상황과 백화점 내 사업소 설치와 관련된 대중 섭렵을 위한 장치에 대해 살펴본다. 2장은 그간 식민지 조선을 묘사하던 부정적인 이미지에서 탈피하고자 《관광조선》에서 사용한 다채로운 구성과 편집 주체가 만들어 가고자 했던 잡지의 지향에 주목한다. 3장은 조선 관광에 접목된 만화의 의미와 역할을, 4장은 《관광조선》에 실린 조선인 문학, 특히 김사량의 문학을 통해 잡지 편집 주체와 조선 문학자의 욕망의 접점을 살펴본다. 5장은 반도일본인과 열도일본인 사이의 조선 인식에 대한 격차를 《관광조선》에 실린 일본인 소설을 매개로 고찰한다. 6장은 잡지가 식민지 문화 전시장으로서 기능하기 위해 내세운 요소 중 '조선 여성'과 '도시 경성'에 주목하여 그 표상의 의미를 살펴본다. 7장은 식민지 말기 재조일본인의 불안한 존재의식이 어떤 식으로 드러나는지에 대해 고찰한다. 8장은 잡지가 재구성하는 '평양'이라는 도시에 주목하여 과거의 전적지가 낭만적 도시로 치환되는 과정을 살펴본다. 9장은 《관광조선》과 유사한 형태를 지닌 일본 발행 잡지 《모던일본 조선판》을 비교 고찰하며 양 잡지 사이의 관련성에 대해서 탐구한다. 10장은 《관광조선》과 《모던일본 조선판》이 발신하는 각각의 '조선'에 대한 욕망에 대해서 살펴본다.

전쟁 집중 시기 이 잡지는 관광잡지의 성격을 잃고 결국 전쟁 선전의 도구로 전락하기에 이르지만, 식민지 말기 조선이라는 공간에 존재했던 사람들의 삶과 생각을 알 수 있는 통로가 된다. 일본인의 눈에 비친 당시의 조선, 나라를 잃은 후 수십 년이 지난 시점의 조선인들의 삶과 생각, 고향이라 부를 수 없는 곳에 정착하고 살아가는 일본인들, 그리고 이런 부모 아래에서 태어난 자녀들의 삶 등, 조선이라는 공간에 존재했던 다양한 삶의 군상群像이 담겨 있다. 발행 후 80년이 넘는 세월이 흘렀지만 《관광조선》에 주목하는 이유가 여기에 있다. 이 책을 통해 일제강점기 '조선'이라는 공간을 향유했던 사람들의 삶의 단면을 들여다보는 계기가 되었으면 한다.

2021년 10월

서기재

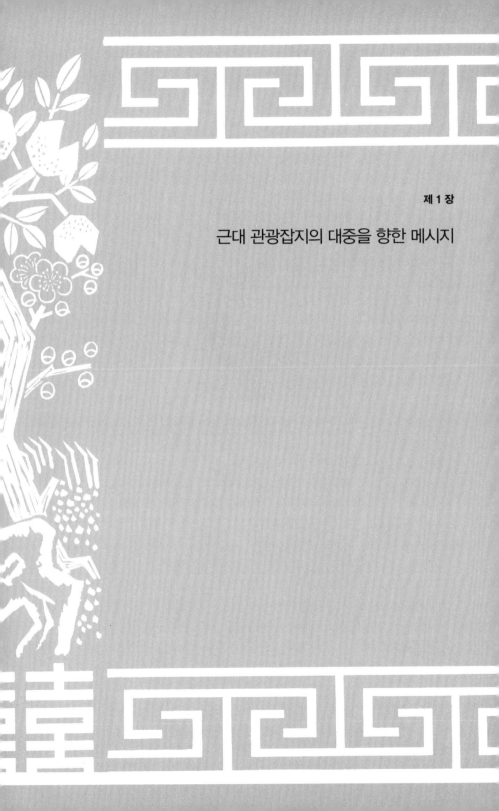

제 1 장

근대 관광잡지의 대중을 향한 메시지

마쓰다 레이코松田黎光(1898~1941), 《관광조선》 II-2 속표지

일본에 의한 한국 소개는 이미 18세기 말 한반도 지도 제작에서 시작하여 19세기 조선 방문자들의 감상 및 여행기로 이어진다. 한국에서 근대적 관광은 강화도조약(1876)으로 인한 부산·인천·원산만 개항, 일본 수신사 파견, 청과 맺은 상민수륙무역장정 및 한미수호통상조약(1882), 일본의 경인철도 부설권 매수(1898) 등을 계기로 이루어진 다양한 외국인의 여행에서 시작되었다. 경인선 개통(1899) 이후 경부선(1905), 경의선(1906), 경원선(1914)이 차례로 놓이고 일본에 의해 도로가 만들어진 이래 한국 내에서 이동 수단의 근대화가 확대되었다. 그리고 1905년 9월 시모노세키와 부산을 연결하는 부관연락선이 개통되고 6년 만에 일본과 대륙을 잇는 교통망이 완성되었다. 이로써 유럽에까지 이르는 대륙 진출의 기초가 다져진다.[1] 그리고 1912년 일본여행협회 조선지부가 경성에 설치된 이후 조선 전국에 걸쳐 관광지부가 개설되어 일제가 부설하는 철도를 주축으로 본격적인 관광사업이 시작되었다.[2]

일본은 철도를 이용하여 여행할 수 있는 다양한 조건을 제시하며 여행자들을 식민지 조선으로 초대하고 관련 안내서를 출판했다. 본격적으로 한반도를 소개한 공식적·근대적 여행안내서는 철도원鐵道院에서 1913년 출간한 영문판《AN OFFICIAL GUIDE TO EASTERN ASIA Vol.

---

1 조선총독부 철도국은 화물과 여객 수송의 편의를 도모하기 위하여 1913년 부산–장춘 간 급행열차를 주 3회씩 운행하기 시작했으며, 경의선에 야간열차도 창설하여 경부선 및 안봉선의 주간 급행열차와 연결하여 유럽과의 연결을 원활히 하고자 했다.(조성운, 〈1910년대 식민지 조선의 근대 관광의 탄생〉,《한국민족사연구》(56), 한국민족사학회, 2008, 117쪽)
2 일본여행협회 조선지부 설치에 대한 연구는 조성운, 2008, 125~137쪽에 자세하다.

I MANCHURIA & CHOSEN》으로, 이를 통해 한반도는 일본뿐 아니라 영어권 국가에까지 소개되었다. 일제가 아시아를 대표하는 영문판 여행안내서를 제작하면서 조선에 대한 소개까지 포함시킨 것이다.[3] 당시 서구인의 조선 여행은 일본을 경유하는 것이 보통이었으며, 여행자들은 조선에서 엔円화를 사용하고 일본인이 만든 음식을 먹으며 숙소를 이용하였다.

조선 관광지의 선택권은 일본 철도원의 막강한 권력 아래에 놓여 있었다. 철도는 일본 제국주의 실현의 도구라는 상징적인 의미를 갖고 있으며 대륙 진출을 가능하게 하는 매개였다. 이 시기 발행된 여행안내서는 대부분이 철로를 중심으로 이어진 도시를 따라 관광지를 설명하는 형태이다. 철도원에서 출판한 공식적인 일본어 여행안내서는 1919년의《조선·만주·지나 안내朝鮮滿洲支那案內》이다. 이 책은 철로를 따라 관광지를 소개하는데, 지도가 매우 정확하고 자세한 것이 특징이다. 지도에 여관 및 관공서의 위치, 학교 등을 상세하게 표기하여, 막연한 지역 소개에서 벗어나 지도를 통해 정확한 위치를 확인하고 찾아갈 수 있도록 구성했다.

그리고《조선철도여행편람朝鮮鉄道旅行便覧》(朝鮮総督府, 1923)은 조선 여행에 대한 구체적인 정보를 전달하기 위해 철로를 따라 독자들에게 여

---

[3] 이 책은 전 5권으로 철도원에서 1913년부터 1917년에 걸쳐 제작했으며 국제적으로 높이 평가받기도 했다. 그중 1권이 만주·조선 편으로, 제3장부터 조선에 대한 소개가 나오는데, 그 첫 페이지에 'Otsumitsu-dai at Heijo(PINGYANG)'〔평양의 을밀대〕라는 설명이 달린 을밀대의 사진이 있다.

행에 적합한 지역을 추천하는 형태로 구성되었다.[4] 전반부에 조선을 이해하기 위한 기본적인 사항, 즉 위치, 지형, 인구, 기후, 일본과의 교류, 지방제도, 교육, 교통, 통신, 산업 관련 내용을 배치하고 후반부는 철도역을 따라 각 지역의 지도를 제시하며 소개하고 있다. 이외에 《조선만주여행안내朝鮮滿州旅行案內》(鮮滿案內所, 1932), 《조선여행안내기朝鮮旅行案內記》(朝鮮總督府鐵道局, 1934) 등의 안내서도 지도와 철도를 중심으로 구성되어 있다.

한편 일본여행협회는 1930년대 국제관광국 설치 이후 조선지부 조직을 대폭 강화하여 주요 도시에 안내소나 출장소를 설치하기 시작했다. 그리고 1939년 무렵에는 '관광데이' 설정, '관광제' 개최 등의 관광진흥 정책을 펼쳤다.[5] 동 시기 경성관광협회 간담회에서는 관광객을 유치하기 위해 주요 지역에 담당자를 파견하며 관광안내소 기능을 확충하고 관광객의 편의를 도모하여 도서 출판, 영화, 노래 등을 만들어 대대적인 선전을 꾀할 것을 논의하기도 했다.

그러나 1940년경에 접어들어서는 미국의 일본에 대한 석유 수출 금지 조치와 연동하여 관광업 분야에서도 제동이 걸려 식민지 조선에서의 중국 여행이 금지되었으며 단체여행 접수가 제한되었다. 그리고 1941년 7월에는 철도국에서 인정한 성지 참배, 근로 봉사, 교사 교련 등

---

4 이 안내서의 '일러두기'에는 조선 시찰자들이 철도를 따라 부산에서부터 신의주에 이르는 동안 시찰에 적합한 지역을 예상하여 만든 것이라고 기록되어 있다.

5 조성운, 〈일제하 조선총독부의 관광정책〉, 《동아시아 문화연구》(46), 한양대학교동아시아문화연구소, 2009, 32쪽.

을 제외한 단체여행이 금지되는 등 관광사업이 축소되는 과정을 거친다.[6] 주체가 전도된 조선 관광사업이 수십 년간 진행되고 이처럼 혼란한 시대적 상황에 처한 가운데 잡지《관광조선観光朝鮮》이 창간된다.

관광잡지의 창간

《관광조선》은 1939년 6월 일본여행협회 조선지부에서 발행되었다. 이후 1940년 12월에《문화조선文化朝鮮》으로 잡지명을 바꾸고 1944년 12월까지 간행되었다.

《관광조선》은 관광잡지의 기본 역할로서 조선의 관광지 안내, 관련 지도 및 교통 관련 시간표를 수록하였다. 이와 함께 조선 각 지역의 축제 및 신설 철도 홍보와 여행 상식을 제시하고, 아직 일본에 알려지지 않은 관광지를 발굴하려는 노력도 했다. 한편 이 잡지는 관광지 소개의 영역을 넘어 요소요소에 독자의 즐길 거리도 마련하였는데, 이는 잡지에 대한 대중의 관심을 끌어들이는 중요한 장치였기에 관광지 소개보다 오히려 더 많은 분량을 차지하였다. 예를 들어 문학(소설, 수필, 기행문), 조선의 가요나 민요, 조선에서 개봉된 영화, 조선 여성들(기생, 일반 여성, 연예인 등), 조선과 조선인의 삶을 풍자한 만화와 우스운 이야기 등

---

6 조성운, 〈1930년대 식민지 조선의 근대관광〉,《한국독립운동사연구》(36), 독립기념관 한국독립운동사연구소, 2010, 395〜396쪽.

기존의 식민지 조선을 설명하던 무미건조한 내용이 아닌 새로운 조선을 제시하기 위한 방법적 선택을 했다. 이러한 선택을 할 수밖에 없었던 이유를 다음의 창간사에서 엿볼 수 있다.

대륙, 대륙 하면서 새삼스럽게 사람들은 대륙에 눈을 돌린다. 그러자 대륙에서 불거져 나온 커다란 반도 하나를 발견하고 그것이 대일본제국의 영토라는 것을 다시금 깨닫는다. (중략) 반드시 강대한 실력을 갖추지 않으면 안 되고, 내선일체를 위한 모든 노력을 통해 조선이 가진 잠재력을 개발 현현하지 않으면 안 된다. 이를 위해 우선 가장 시급한 것은 일반 국민이 조선을 알아야 한다는 점이다. (중략) 또 국제관광의 견지에서, 즉 외국 손님 유치에 의한 국제친선 국제수지 개선이라는 점에서 본 경우, 동아 신질서 건설에 동반하여 소위 동아시아 관광 블록이 확립되고 그것이 점차 크고 선명하게 부상하여 세계의 이목이 집중되는 이때에, 반도도 그 루트의 일환으로서 큰 역할을 담당하는 것은 물론이다. (중략) 이렇게 볼 때 관광조선이 가지는 의의와 사명이 엄청나게 큰 것이고 또 상당한 특수성이 존재한다는 것을 알 수 있다.[7] (번역 및 밑줄은 필자, 이하 같음)

발행 목적을 '조선이 가진 잠재력 개발', 조선에 대해 '일반 국민이 아는 것', '세계에 조선의 특수성을 알리는 것'이라고 밝히고 있다. 식민지

---

7 《観光朝鮮》, 1939·6, pp.2–3.

지배가 30년에 이른 시점에서 이런 이야기는 새삼스럽게 느껴지지만, 이는 여전히 일본인들의 조선에 대한 관심이 부족했다는 사실을 반영한다. 그때까지 조선의 관광지가 소개되더라도 일본인들에게 특별하게 매력을 끌 만한 내용이 두드러지지 않았던 것이다. 이것은 주체가 전도된 관광사업의 결과라고 볼 수 있는데, 한민족 정체성이 부재한 주체의 타민족 문화 소개가 일본인의 관광 욕구를 불러일으킬 만한 내실을 갖추지 못했음을 의미하기도 한다. 열도일본인의 조선에 대한 무관심을 가장 민감하게 느끼는 사람들은 조선에 거주하는 일본인들이었다.

경성제국대학 교수였던 아베 요시시게安倍能成는 그의 저서《청구잡기青丘雑記》의 서두에서 "이 책을 통해 너무나도 부족하다고 생각되는 조선에 대한 내지인内地人〔열도일본인〕의 관심을 조선으로 향할 수 있게 한다면 더없이 행복할 것 같다"[8]고 언급한다. 아베는 유럽 견학 후 경성제국대학에 부임하여 6년간 조선에서 지내면서 자신의 눈에 비친 조선인의 삶과 문화를 이 책에 기록했다.

실제 나뿐 아니라 일본에서 온 이주자가 그 정도 생활〔조선식 가옥에서 살고 조선 음식을 먹는 생활〕이 가능하다면 시끄럽게 떠드는 내선융화의 문제 같은 것은 쉽게 이루어질 것이다. (중략) 여전히 너무 심하다 싶을 정도로 조선인에 대해 비슷한 질문을 반복하는 내지인의 무지

---

8 安倍能成,《青丘雑記》, 岩波書店, 1932, p.3. 이 책은 이와나미서점岩波書店에서 1932년 간행된 이후 7쇄까지 발행되었다. 제목의 '청구青丘'의 의미는 동쪽 나라라는 뜻의 조선의 다른 이름으로, 아베가 조선 체재 중 기록했다는 이유에서 붙여졌다.

<u>가 당황스러울 뿐이다.</u> 실제로 경성의 거리는 너무나도 지나치게 일본화되어 우리에겐 흥미가 없을 정도이다. 조선인 상가가 많은 종로거리에서 백의의 사람들〔조선인〕에 섞여 물건 값을 물어 보려 노점을 기웃거리면, 거기에 진열되어 있는 물건은 대개 오사카에서 들여온 조잡한 일상잡화뿐이다. 조선다운 것이라고는 겨우 약숟가락 같은 편평한 수저나 금속제의 젓가락, 꽃 모양의 종이를 붙인 조잡한 상자 ─여자아이가 가지고 다니는 반짇고리 종류인 것 같다─나 나무를 도려내어 만든 둥근 사발 정도이다. 조선의 토산품이라고 판매되고 있는 것도 대부분 일본인 취향의 일본인이 만든 것뿐이다.[9]

아베에게 있어 조선은 식상할 정도로 일본과 다를 바 없는 장소였다. 그러나 열도의 일본인에게는 이러한 조선의 모습이 알려지지 않았다는 점, 혹은 알려고 하지 않는다는 점에 아베는 문제의식을 가지고 있었다. 한반도와 일본열도 사이의 거리감은 단지 아베 개인의 감상이 아니라, 조선에서 생활했던 일본인 대부분이 느꼈던 심리적 소외감이었다. 《관광조선》 창간의 사명에 '일반 국민〔일본 대중〕이 조선을 아는 것'이 포함되어 있는 이유가 여기에 있다.

---

9   安倍能成, 《青丘雑記》, p. 74.

관광잡지의 대중화 전략

일본여행협회[10] 조선지부의 실질적인 활동은 1930년 경성 미쓰코시三越 안내소가 개설되어 조선과 만주에 대한 정보를 제공하면서부터이다.[11] 이후 경성을 비롯한 평양, 부산, 함흥, 대구, 원산, 대전, 목포, 광주, 인천, 군산 등 식민지 통치 주요 지역에 점포가 개설된 미나카이三中井, 미쓰코시, 조지아丁字屋, 와신和信백화점 내에 꾸준히 사무소를 설치했다.

많은 사람이 모여드는 거리와 백화점 안에 설치된 여행안내소는 조선 관광 문화의 판매장이 되었다.[12] 《관광조선》은 백화점이라는 고급화된 소비와 문화 공간에 비치된 판매용 잡지였다. 백화점 내에서도 일상생활에 필요한 제반 물건들을 판매하는 장소이자 사람들의 왕래가 가장 많은 1, 2층에 주로 관광안내소가 설치되었다.[13] 1920년대 중반 이

---

10 일본여행협회는 1932년 '투어리스트 클럽'을 발족하여 회원 여행을 조직하여 보급하였고, 1934년에는 국철 시간표의 편집 발행을 장악하는 큰 조직을 이루었으며, 전시에는 동아여행사東亞旅行社(1941)로 개칭하여 '대동아공영권' 건설의 사명을 감당하며 입영이나 소개, 근로, 봉사 등 전쟁 관련 업무도 담당했다.

11 조성운, 〈1910년대 식민지 조선의 근대 관광의 탄생〉, 《한국민족사연구》(56), 한국민족사학회, 2008, 131∼133쪽.

12 잡지에서는 여행안내소 주변의 모습을 다음과 같이 전하고 있다. "나는 조선은행 앞으로 갔다. 사람이다. 사람이다. 엄청난 사람이다. 사람, 사람, 사람의 소용돌이가 있다. (중략) 미쓰코시백화점 내에 설치되어 있는 동아여행사 미쓰코시 안내소를 방문했다. 카운터에는 표를 사려고 사람들이 길게 줄을 서 있다."(《文化朝鮮》, 1942·1, p.86)

13 미나카이백화점 신점포 구성에 따르면 1층과 2층에 화장품, 생활장신구, 부인복, 아동복, 메리야스, 잡화, 신발, 문구, 운동구, 서적, 완구, 식료품 매장, 그 외에 교통공사와 뉴스 영화와 만화영화 전문관이 설치되었던 것을 알 수 있다.(하야시 히로시게, 《미나카이백화점》, 김성호 옮김, 논형, 2007, 82∼84쪽)

후 조선의 백화점 업계는 경성을 중심으로 본격화 및 대형화의 기치 아래 치열한 경쟁을 벌이기 시작했다. 각 백화점에서 이용 고객층을 늘리기 위해 관청이나 군대 납품계약 획득을 두고 치열하게 경쟁하는 상황이었기 때문에 정부 관련 지부 개설은 환영할 만한 일이었다.

대부분의 점포에 일본여행협회 조선지부가 설치되었던 미나카이백화점은 1933년 본점 신증축을 완성하고 조선 백화점 최초로 2층까지 에스컬레이터를 설치하여 사람들의 이목을 끌며 구매자의 발걸음을 재촉했다. 그리고 경성 본점은 교토의 본사와는 물론이고 조선의 각 점포와 무선 관리 시스템을 이용하여 교류하였는데, 이는 당시 조선군이나 관동군이 이용하던 군대 연락 시스템을 백화점 영업에 도입한 것이다.[14] 무선을 통한 경영정보 교류는 내실 있는 정보와 정확성, 스피드를 잘 반영하였고 이를 통해 조선과 일본 사이에 존재하던 1년 정도의 유행의 시차를 단번에 극복하였다. 즉, 백화점 내의 공간은 일본 현지와 실시간으로 교류할 수 있는 공간이었던 것이다. 이처럼 당시 백화점은 최첨단 시스템을 도입한 '일본과의 소통' 공간이자, 많은 사람이 드나드는 공간이었다.

일본에서도 마찬가지로 백화점과 사람의 왕래가 많은 거리 및 역이나 정류소에 《관광조선》이 비치되었다(〈표 1〉 참고). 이러한 백화점 내 여행안내소에서 비치·판매되는 《관광조선》에는 다양한 광고가 게재되었다. 《관광조선》 각 호의 첫 페이지는 "여행 상담은 미나카이의 쯔

---

14   하야시 히로시게, 《미나카이백화점》, 89~94쪽.

리스토 뷰로(여행협회)에서"라는 문구를 내세우고 전국 미나카이백화점 내에 설치되어 있는 관광지부를 소개하였다. 여기에서는 조선뿐만 아니라 일본, 만주, 그 외 해외여행 정보를 제공하였다.

〈표 1〉 일본여행협회 본부와 지부[15]

본부

총무부, 조사부, 외국인부, 일본인여행부, 경리부, 여행문화부	**설치 장소**	東京市鞠町区丸の内一丁目一番地 철도청 구 청사 내

지부

		설치 장소			**설치 장소**
지부	朝鮮支部	京城府漢江通鉄道局內	**일본 안내소**	鹿児島	山形屋內
	關東支部	東京市鉄道局內		長崎	長崎駅前
	中部支部	名古屋市鉄道局內		雲仙	雲仙公園事務所內
	關西支部	大阪市東区		佐世保	玉屋內
	西部支部	広島市鉄道局內		別府	大字別府北町
	九州支部	門司市鉄道局內		唐津	シーサイドホテル內
	東北支部	仙台市鉄道局內		仙臺	三越內
	羽越信支部	新潟市鉄道局內		盛岡	川徳內
	北海道支部	札幌市鉄道局內		青森	松木屋內
	満州支部	奉天ビル內		新潟	古町通
	台湾支部	台北市総督府交通局鐵道部內		函館	今井商店支店內
				札幌	今井商店內
조선 안내소	부산	三中井內, 부산역		小樽	今井商店支店內
	대구	三中井內	**만주 지나 안내소**	大連	大連市伊勢町、ヤマトホテル內, 監部通, 駅內, 三越內
	대전	三中井內		奉天	駅前、ヤマトホテル內
	경성	三越內、三中井內、和信、丁子屋、朝鮮ホテル		四平街	北條通
	평양	三中井內		新京	駅前, 三中井內
	신의주	朝鮮運送內		吉林	大馬路
	원산	三中井內		圖們	春風路
	함흥	三中井內		營口	南本街
	청진	清津埠頭內		撫順	駅前
	나진	羅津駅內		鞍山	北二條

---

15 이 표는《관광조선》창간호 판권지 다음 장에 나와 있는 내용을 토대로 필자가 작성하였다.

일본 안내소	東京	東京駅, 승하차장, 鞠町区丸ビル2층, 鐵道國旅客課案内所, 東京鮮満支案内所内, 帝国ホテル内, 神田区駅前, 日本橋区三越内, 日本橋区白木屋内, 日本橋区高島屋内, 京橋区松屋内, 下谷区松坂屋内, 四谷区伊勢丹内, 淀橋区三越内
	横濱	中区貿易協会内, 野澤屋内
	軽井沢	軽井沢駅内
	箱根	冨士屋ホテル内
	日光	金谷ホテル内
	松本	松本駅前
	濱松	濱松市鍛治町
	名古屋	名古屋駅内, 中区松坂屋内
	岐阜	丸物支店内
	金澤	宮市大丸内
	富山	宮市大丸支店内
	京都	京都駅内, 駅前市設観光案内所内, 下京区大丸内, 東山区都ホテル内, 中京区京都ホテル内
	大阪	堺筋, 東区三越内, 南区十合内, 東区鮮満支案内所内, 南区松坂屋内, 北区大阪ホテル内
	神戸	三ノ宮駅内, 大丸内
	松江	本町尾原呉服店内
	岡山	天満屋内
	廣島	掘福屋内
	下關	駅前鮮満支案内所内
	高松	三越内
	徳島	丸新百貨店内
	門司	門司鮮満支案内所内
	小倉	井筒屋内
	博多	福岡市玉屋内, 松屋内
	熊本	千徳屋内

만주 지나 안내소	安東	大和橋通
	哈爾濱	中央大街, 丸商百貨店内, ヤマトホテル内
	牡丹江	駅前
	佳木斯	向陽大街
	齊齊哈爾	正陽大街
	滿洲里	二キチンホテル内
	承徳	南営子大街
	錦縣	駅前
	山海關	南関中街
	天津	日本租界旭街, 福島街
	北京	崇文門大街, 王府井大街
	長家口	橋東
	大同	大東街
	石家莊	阜寗路
	塘沽	駅前
	濟南	駅前
	芝票	泰来路
	清島	鐵山路
	上海	廣東路三菱ビル内
	南京	中山路
	抗州	新民路
타이완 안내소	台北	栄町菊元商行内
	台南	末廣町林屋内
	高雄	吉井百貨店内
해외 출장소	紐育(뉴욕)	
	羅府(로스엔젤레스)	
	巴里(파리)	

조선의 백화점 마케팅은 일본식이었고, 판매하는 상품은 고려인삼 같은 조선의 특산품을 제외하고는 거의 모든 상품이 일본 제품이었다. 조선 거주 일본인들은 일본에서 유지하던 생활을 재현하기를 원했고, 백화점은 일본식 라이프 스타일을 구현하기 위한 상품을 제공하는 장소가 되어 주었다.[16]

한편 이는 일본인들만의 문제가 아니었다. 일본의 식민지 지배가 길어지고 조선 사람도 일본식으로 교육을 받는 기간이 늘어남에 따라 일

▌ 여행협회 지부 소개와 결합된 미나카이백화점 광고, 《관광조선》 I-1

▌ 대륙 진출 선전과 결합된 미쓰코시백화점 광고, 《관광조선》 I-1

16 하야시 히로시게, 《미나카이백화점》, 133쪽.

여행협회 소개와 결합된 미나카이백화점 광고,
《관광조선》 II-4

여행협회 소개와 결합된 와신백화점 광고 《문화
조선》 III-5

전장의 군인에 대한 감사 내용과 결합된 미쓰코시
백화점 광고 《문화조선》 IV-3

여행협회 지부 소개와 결합된 미나카이백화점 광
고 《문화조선》 IV-4

제가 제공하는 가치나 법률, 도덕에 기초한 사회적 관계성을 편안하게 받아들이는 사람들이 늘어났다. 그리고 여유가 있는 조선의 도시생활자들이 일본식 문화나 소비행위에 가담하는 현상의 확대는 피할 수 없었다. 때문에 백화점의 '세련되고, 앞서가며, 문화적'이라는 장소성은 일본인은 물론이고 백화점을 이용할 수 있는 조선인에게도 매력적인 것이었다.

이러한 문화 집산의 공간에 여행안내소가 설치되어 '관광'은 선진 문화를 주도하는 일부가 되었다. 백화점은 신문화를 리드하는 사람들, 즉 조선 도시지역의 일본인 거주자―직업은 자영업을 포함하여 관청 근무자, 회사원, 군인, 전문기술자 등―로 일본열도의 평범한 일본인보다 훨씬 유복한 축에 속하는 사람들이 이용하는 공간이었다.

이와 같이《관광조선》은 조선 거주 일본인, 백화점 출입이 가능한 조선인, 백화점 출입을 동경하는 잠재적인 소비자의 욕망이 깃든 곳에 비치되었다. 그리고 일본열도에서는 백화점에 국한되지 않고 각 호텔이나 광범위한 대중이 접근할 수 있는 대중교통의 요지에 비치되어 조선에 대한 이미지와 문화를 전달하는 매개가 되었다.

예술과 관광의 접목

《관광조선》은 백화점 왕래가 가능한 중류층 정도의 도시생활자나 실제 백화점 소비에는 가담하지 못해도 잡지를 통해 세련된 라이프스타일을 간접 체험하려는 대중독자들을 겨냥했다. 따라서 고급스러운 분위기를 연출했다.

고급스러움을 증폭시키는 요소 중 하나가 잡지의 표지였다. 《관광조선》 창간호 표지는 다마키 미노루玉城實, 1권 2호 표지는 사사카 효笹鹿彪의 회화를 넣어, 조선인과 풍경을 묘사한 화가들의 작품으로 장식했다. 그 후 1권 3호부터 2권 6호까지, 그리고 《문화조선》 3권 3호부터 전시기 사진으로 표지가 대체되기 전까지 꾸준히 한국 근현대화가 김인승[17]이 잡지의 표지를 담당했다. 또한 목차와 광고가 끝나고 본격적으로 내용이 시작되는 부분의 표지, 즉 '속표지'는 조선인뿐만 아니라 일본 작가들의 스케치를 선보였다(본서 각 장 서두의 그림 참고).

김인승은 한국 근대미술사에서 주목할 만한 존재였다. 1937년 도쿄미술학교 유화과 졸업 후 연속적으로 작품상을 수상한 것이 신진 조선 서양화가로서 입지를 확고히 하는 계기가 되었다. 그는 《관광조선》이 첫 출간된 1939년에 도쿄미술학교 연구과 2년 과정을 수료하고 조선으로 돌아와 4월 조선미술협회전에 출품하였다.

백화점 내 화랑은 화가들이 좀 더 많은 대중에게 자신의 작품 세계를 전달할 수 있는 통로로 사용되어 왔는데, 김인승 또한 그의 첫 개인전을

---

17 김인승金仁承(1910~2001)은 개성에서 태어나 1929년 동아일보사가 개최한 전선학생미술전全鮮学生美術展에서 입선하였다. 그 후 1936년 미술학교 재학생으로 도쿄 문부성 미술전(文展)에서 〈나부裸婦〉로 입선하고 같은 해 풍광회風光會전에도 입선하여 특출한 재능을 보였다. 그는 1937년 3월 도쿄미술학교 유화과를 졸업했고, 같은 해 5월 서울에서 개최된 16회 조선미술전람회에서 〈나부〉, 〈화실畵室〉, 〈검은 옷의 여인黑衣の女人〉 3점이 입선하고, 그중 〈나부〉는 창덕궁상을 차지한다. 이후에도 김인승은 같은 전람회에서 연속 4회 특선을 차지하면서 조선의 유명 작가로서 위치를 확고히 했다.

본서 표지에 수록된《관광조선》I-3 표지 외에 김인승이《관광조선》및《문화조선》
에서 담당했던 표지들

▌《관광조선》II-1 표지

▌《관광조선》II-2 표지

▌《관광조선》II-3 표지

▌《관광조선》II-4 표지

▌《관광조선》II-5 표지

▌《관광조선》II-6 표지

▌《문화조선》Ⅲ-3 표지

▌《문화조선》Ⅲ-4 표지

▌《문화조선》Ⅲ-5 표지

▌《문화조선》Ⅲ-6 표지

경성 미쓰코시에서 개최했고 전시기인 1943년 일본과 한국의 미쓰코시 및 미나카이백화점에서 전시회를 개최한 이력이 있다.[18] 백화점 내 화랑에서 개인전시회를 개최할 만한 영향력이 있는 조선인 작가가 《관광조선》 표지를 장식한 것이다.

그는 특히 여인 초상 전문화가라고도 할 수 있는데 그의 여인화는 잡지의 고급스러움을 더한다. 《관광조선》과 《문화조선》의 표지를 장식한 김인승의 조선 여인 회화는 《관광조선》 편집 주체가 독자들의 환심을 사기 위해 가장 주력한 부분이었다고 할 수 있다.

* * *

'일반 국민'의 관심을 촉구하고자 했던 《관광조선》이 소개하는 조선은 이전 여행안내서에서 보이던 유적과 유물 중심의 시간이 정지된 미지의 공간이 아니었다. 문화 및 예술을 향유하는 고급 취향의 일본인과 조선인이 생활하는 공간이었다. 이를 통해 조선이라는 공간이 과거의 시간 속에 갇힌 식민지에 불과한 것이 아니라 세련된 사람들이 활개치며 살아가는 장소라는 이미지를 관광잡지 독자들에게 부여하고자 했다.

---

18   금성출판사, 〈김인승 연보〉, 《한국근대회화선집》(2), 금성출판사, 1990.

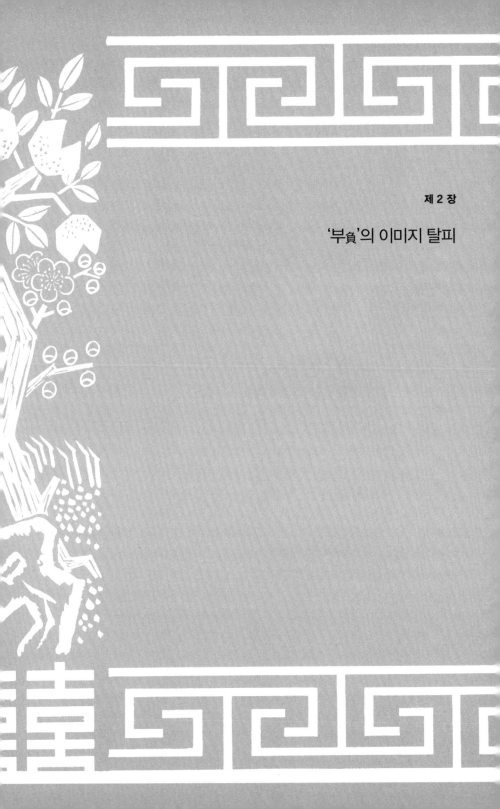

제 2 장

'부負'의 이미지 탈피

무라카미 미사토村上美里(생몰 미상), 《관광조선》 II-5 속표지

《관광조선》이 발간된 1939년은 일본 제국주의의 욕망 발산이 극에 달하고 한반도 내에서도 내선일체內鮮一体 고취가 절정에 달한 시기였다. 당시《관광조선》은 경성을 비롯한 조선의 각 주요 도시에 설치된 백화점 안내소인 일본여행협회 조선지부에 비치되어 30전錢에 판매되었다. 일본열도의 대중에게 조선을 알리려 했던 잡지의 지향에 따라, 잡지는 조선뿐만 아니라 열도 내의 여행협회 지부에도 구비되어 반도와 열도를 잇는 역할을 한 것으로 보인다. 일본열도의 여행사무소는 백화점뿐만 아니라 서점, 사람의 왕래가 많은 거리, 철도역 등 좀 더 광범위한 대중이 접할 수 있는 공간에 설치되어 있었다.

이러한 상황에서 이 잡지는 기존의 관광 정보 소개라는 목적을 뛰어넘어 조선에 관한 새로운 이미지를 부여하는 역할을 수행하고자 했고, 이는 독자의 감각을 자극하는 형태로 이루어진다. 따라서 시류를 반영한 다양한 오락적 요소와 풍부한 읽을거리를 제시하며 독자를 잡지의 세계로 끌어들이고 있다.

조선의 '미美' 발견

《관광조선》편집부는 조선 문화의 심부에 대해 구체적으로 소개하는 것을 통해 조선에 대한 일본인의 관심을 촉구하고자 했다. 따라서 기존의 조선을 묘사한 다양한 미디어 표상을 뛰어넘는 것을 제시해야 한다는 요구가 반영되었다.

우선 잡지의 구성에서 알 수 있는 것은 식민 초기부터 일본인에게 내재된 '조선＝부負'의 이미지를 극복하려는 시도가 이루어지고 있다는 점이다. 이는 당시 내선일체 황민화를 위한 조선 전통문화 말살이라는 국가적 정책[1]과 일정 부분 거리를 두고 있다. 조선의 전통적 요소를 보다 심도 있게 관찰하고 이에 대한 긍정적 평가를 이끌어 낸다.

반도 노인의 다양한 얼굴과 복슬복슬한 흰 수염, 편안한 마로 된 옷에 옛날식 검은 모자, 곰방대, 모두가 향토색이 풍부한 풍경이다. 여자의 의복도 청초하고 치맛자락이 넓고 긴 것이 그녀들을 얼마나 아름답고 키가 커 보이게 하는지 모른다. 그녀들은 하이힐의 필요성도 느끼지 않는다. 그리고 머리에 무거운 짐을 이고 걷는 습관은 자연스럽게 단정한 자세를 갖추게 했음에 틀림이 없다. 대개 허리가 활처럼 휜 노파는 아직 한 번도 만난 적이 없다는 것이 모든 것을 말해 준다. 그리고 딱딱한 바닥에 얇은 이불을 깔고 나무베개를 베는 것, 이러한 평상시 생활이 건강을 유지시킨다. 그들은 대개 혈색이 좋다. 남자도 여자도 직사광선을 겁내지 않는 것 같다. 상류층 젊은 부인들

---

[1] 잡지 간행 시기 일본의 사회적 정세를 살펴보면, 1937년 중일전쟁 발발 후 사회적 체제가 본질적으로 다른 차원으로 변화되어 총동원 신체제를 구축해 갔다. 1938년에는 개정교육령에 의해 '국체명징', '내선일체'를 강조하여 조선어를 학교에서 사용하는 것을 전면적으로 금지시켰다. 한편 조선총독부의 조작 아래에서 강조되는 '내선일체' '내선결혼' '황민화' 등의 선전이 한층 더 왕성해지고, 조선인이 앞으로 나아가는 길은 일본인이 되는 길밖에 없다고 선언하여 조선어를 비롯하여 복장, 가옥, 선조, 역사 등을 모조리 버리지 않으면 안 된다고 고취했던 것이 대표적인 방침이다.(北川勝彦 他,《帝国意識の解剖学》, 世界思想社, 1999, p. 212)

이 부채로 얼굴을 살짝 가리고 한손으로 치맛자락을 잡고 걷는 모습
은 너무나도 아름답다.[2]

한복에 삿갓을 쓴 노인
의 정취, 한복을 입은 조
선 여성의 청초한 아름다
움, 건강한 생활습관 등
일본인의 삶에서는 보기
어려운 조선인만의 전통
적 생활습관의 가치를 설
명한다. "조선의 언어뿐
만 아니라 복장, 가옥, 선
조, 역사를 모조리 버림으
로써 내선일체의 황민화

■ 이하라 우사부로, 〈노인의 얼굴〉, 《관광조선》 II-3

를 이룬다"[3]고 주장하던 국가적 방침과 달리, 이 잡지에서는 조선과 일
본의 '다름'을 이야기하면서 조선인의 생활습관에 관심을 기울이고 그
것에 대한 전통적 의미를 부여하고 있다. 또한 조선은 종종 여행자에게
'감동'을 선사하는 장소로 소개된다.

---

2 《観光朝鮮》, 1939·8, p. 60.

3 北川勝彦 他, 《帝国意識の解剖学》, p. 212.

잡지의 편집진은 일본 화가들을 동원하여 조선의 전통문화와 사람들을 그려 냄으로써 미적 가치를 모색했다. 특히 오노 사세오小野佐世男는 《관광조선》에서 많은 삽화를 담당했는데, 그는 조선인의 생생한 일상에 주목하고 있다. 그가 그림과 함께 게재한 글을 보면 도시를 활보하는 세련된 복장의 조선 여성들, 아기에게 젖을 물리거나 노동을 하는 시골 여인들의 모습에서도 아름다움을 발견하고 있음을 알 수 있다.

색칠한 듯이 파랗고 청명한 하늘에 이조 오백 년의 역사를 이야기하는 거대한 남대문을 바라보면 전차 소리 섞인 도시의 잡음을 잊고 잠시 조용하게 옛 시대로 돌아가는 듯하다.

누문樓門 아래쪽에 오색으로 흘러내리는 무지개색의 완만한 흐름을 "정말 신기한 색의 조화로군" 하면서 바라보고 있자니 살구색, 물색, 보라색의 깔끔한 상의와 스커트를 입은 도시 아가씨의 초여름 햇빛을 양산으로 가리고 조신하게 걸어가는 모습에서 막 피어오른 꽃봉오리인가 착각할 정도로 상쾌함을 느낀다.

연한 크림색의 살짝 비치는 마로 된 상의를 입은 여성의 고운 피부와 봉긋하게 부푼 가슴에 둥근 팔이 정숙하고 아름답게 감싸고 있다. 편안하게 허리에 걸친 하얀 스커트를 산들바람에 펄럭거리며 지나가는 세련된 모습에 나는 그저 황홀한 도취감에 꿈을 꾸는 듯했다.[4]

---

4 《観光朝鮮》, 1939·10, p. 70.

小さな水の流れに水を汲む、少女あり、背に弟をおぶね、妙な器物で水をしゃくふ。「それはなんで出來てゐるんです」とたづねれば、『瓜の皮で造つた』と云ふ。旅の

■ 오노 사세오, 〈조선 부인의 아름다운 모습〉, 《관광조선》 I-3

五歳許の 女童さへも 一疋づつ

しづかな流れに づいて、不思議な色あひかなと、日を移せ

■ 오노 사세오, 제목 없음, 《관광조선》 I-3

婦人乳をあくる

■ 오노 사세오, 〈젖을 물리고 있는 부인〉, 《문화조선》 IV-1

■ 오노 사세오, 〈돼지가 있는 마을〉, 《관광조선》 I-3

오노는 과도하다 싶을 정도로 조선의 도시 여성들, 농촌의 새댁, 기생, 조선의 거리와 자연 풍경 등에서 세련, 자애로움, 교양, 여유로움, 생동감을 표현해 내고 있다. 여전히 거기에는 '여성화된 조선'이라는 식민주의자의 시선이 느껴진다. 하지만 그의 그림과 글이 열도일본에서는 상상하기 어려운 조선의 미적 세계, 문화적 취향을 보여 준다는 사실은 분명하다.

■ 오노 사세오, 〈마을 어귀에 있는 천하대장군〉, 《관광조선》 1-3

■ 오노 사세오, 〈금강산 기념사진 촬영〉, 《관광조선》 1-3

다채로운 잡지 구성

이와 더불어 《관광조선》에서 강조되는 것은 씩씩하고 밝은 조선, 적극적인 조선, 건강한 조선이다. 회화적 요소 외에도 독자의 시선을 단번에 사로잡는 백화점 광고, 약이나 화장품 광고, 만화, 콩트, 가요계 및 영화계 소식, 기생들의 사진, 연예인들의 개인사, 대중문화에 반응하는 활기찬 조선인 묘사 등, 잡지는 신시대 문화가 충분히 반영된 역동적인 체재體裁를 갖추고 있다.

《관광조선》은 특히 사진과 그림이 많다. 그리고 소개되는 관광지와 관련하여 장소에 대한 정확한 정보를 전달하는 것은 물론 그 공간이 품고 있는 이야기를 끌어내려고 한다. 이야기에는 일본 제국주의 확장이라는 대전제가 놓여 있지만 미시적인 조선인의 삶과 역사를 담고 있다. 또한 조선에 대한 일본인의 긍정적 감상을 담으려는 의지가 강하다. 좌담회 개최 내용을 수록하여 현장감 있는 여행자들의 목소리에 귀를 기울이거나, 수필과 소설 및 스케치를 통해 일본인들의 입장에서 본 조선 문화의 세부를 묘사하여 거기서 살아 숨쉬는 사람들의 감각을 끌어내고 있다. 잡지를 돋보이게 하기 위한 편집 주체의 노력은 목차에서부터 느껴진다. 목차는 페이지 순서가 아닌 주제별로 구분하여 내용을 배치하고 조선의 모습을 다각적으로 구성하는 전략을 취하고 있다. 다음 목차 그림에서 보이는 것처럼, 특집사진을 잡지의 서두에 배치하며 생동감 있는 조선의 모습을 전하고, 잡지 곳곳에 그림과 글을 함께 싣고 있다. 또한 도시의 풍모를 통해 조선 각 도시를 소개하고, 색자의 페이지는 간결하고도 흥미 있는 사항을 반영한 내용으로 특별 구성하고 있다 (그림 안 원 표기는 필자, 구체적인 사항은 이 책 〈자료〉 '총목차' 참고).

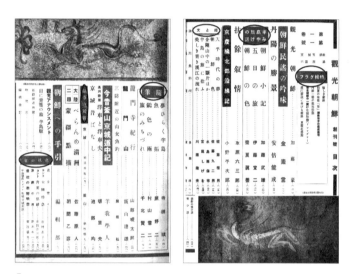

《관광조선》 I-1 목차

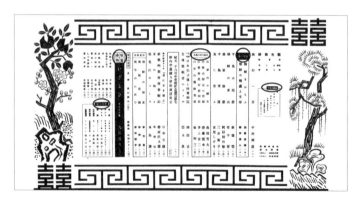

《관광조선》 II-4 목차

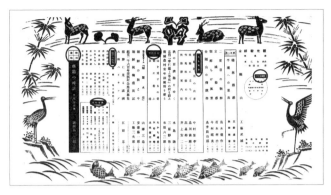

《관광조선》 II-6 목차

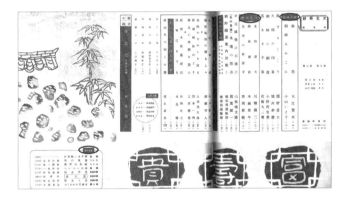

《관광조선》 III-3 목차

열차시간표, 《관광조선》 I-3

〈지도 역시 즐겁고〉, 《관광조선》 II-1

약 광고(강장제, 구충제)《관광조선》 I-3

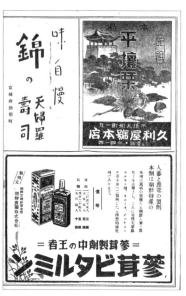

건강기능식품 및 토산품 광고《관광조선》 I-3

음식점 및 술 광고《관광조선》 II-2

배달 광고《관광조선》 II-4

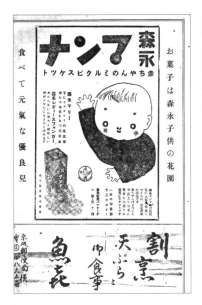

■ 과자 및 음식점 광고《관광조선》I-3

■ 기린맥주 광고《관광조선》II-3

■ 아사히맥주 광고《관광조선》II-3

■ 숙박지 광고《관광조선》I-2

편찬 주체의 내적 동기

《관광조선》 창간 후, 즉 1930년대 말 일본 관광 업계의 상황은 그다지 순탄치 않았다. 1937년 중일전쟁 이후 일본 관광 업계에는 어두운 그림자가 드리워졌다. 원래대로라면 제11회 베를린올림픽 이후 1940년 제12회 도쿄올림픽과 더불어 일본 초대 천황인 진무천황 즉위 2,600년을 맞이하여 국가적·세계적 대회 개최가 예고되어 있었다. 그러나 1938년 7월 15일 결국 개최 중지를 권고받았고,[5] 1939년 7월부터 자동차용 가솔린을 배급제로 하여 배급량을 30퍼센트 줄인다는 계획이 발표되면서 관광업도 타격을 받았으며, 1940년대 이후에는 전쟁 상황이 반영되어 여행 금지 조치가 확대되었다.

그러나 일본여행협회는 조선 관광사업에 더 힘을 기울인다. 그 과정 속에서 1939년 《관광조선》이 탄생한 것이다. 여행잡지의 최대 목적은 잡지를 통해 독자를 여행지로 유도하는 것이다. 그러나 실제 시국은 조선 여행을 결심하는 독자를 생성해 내기 어려운 상황이었고, 편집 주체들 역시 이런 상황을 인지하고 있었다. 그렇다면 이런 상황에서 잡지를 창간한 데에는 어떤 의도가 있었을까?

잡지 편찬 주체인 일본여행협회 조선지부의 일본인들은 조선에 삶의 터전을 마련하고 있는 재조일본인들이었다. 이들은 일본열도 내에 정

---

5 〈Japanese Olympic committee : History of Japan's Bids for the Olympics〉 일본 올림픽위원회 공식 웹페이지 http://www.joc.or.jp/ (검색일 2016년 3월 7일 10:17)

주하며 단일한 민족의식을 느끼는 일본인들과 달리 이민족과 섞여서 공존해야 했기에 조선이라는 공간에서 끊임없이 '일본인'으로서 액션을 취해야 하는 존재적 불안을 안고 있는 사람들이었다. 그 때문에 그들에게 '일본'은 고향이라는 개념을 초월한 그리움이 담긴 유토피아적 장소였다. 그리고 언젠가는 돌아가고자 하는 희망 등이 복합적으로 얽혀 있는 '상상된 고향'이었다. 하지만 식민지에서 지내는 시간이 길어질수록, 삶의 방식이 열도와 달라진다는 것을 느낄수록 존재적 불안은 증폭되어 가기에, 조선에 존재하는 일본인으로서의 의미를 찾지 않을 수 없었다. 자신들이 발을 딛고 있는 조선이라는 공간에 대한 새로운 의미 부여가 필요했던 것이다.

일본여행협회 조선지부의 인물들이 주축이 되어 편찬된 《관광조선》은 재조일본인의 심정을 대변하는 장이며 위로의 장이었다. 이들은 '새로운 조선'(=열도일본을 능가하는 일본으로서) 구축에 대한 욕망을 바탕으로 자신들이 사는 조선에 특별한 의미를 부여하여 열도일본의 일부로서 균형을 유지하고자 했다.

이를 위해 잡지 구성 주체는 조선과 관련된 구태의연한 내용이 아니라 현시성顯示性을 강조했다. 《관광조선》은 조선 각지를 여행하며 실시간으로 정보를 습득하고 각종 문화적 상황을 보고하며 거기에 숨 쉬는 사람들의 모습을 전달하는 작업을 중요시했다. 특히 당시 조선에서 유행하는 대중가요, 미술, 패션, 음식, 예능, 만화, 화류계 관련 내용을 '재미'라는 요소를 담아 구성했다. 특히 잡지의 시각적·오락적 요소는 독자를 잡지의 세계로 끌어들이는 데 중대한 역할을 담당했다.

잡지 원고 모집에 있어서도 새로운 자료, 감각적 자료, 감상이 깃든 자료, 재미있는 자료를 수집하기 위한 편집진들의 의도가 보인다.

> 여행에 관련된 가벼운 읽을거리, 기행, 수상, 시, 노래, 하이쿠俳句, 센류川柳, 만문漫文, 만화 등 어떤 형식도 환영합니다. 예를 들면,
> 여행의 특종　여행 중의 견문, 사건 등 사람을 감동하게 할 만한 또는 함께 웃을 수 있을 만한 것.
> 숨겨진 경승의 개발 현현　꼭 풍경에 한정하지 말고 사적, 유물, 풍속, 관습 등 일반인에게 알려지지 않은 것.
> 도시의 풍모　조선 내의 한 도시에 대해서 다각도로 조명하여 그 풍모를 묘사해 주세요.
> 조선에서 본 일본, 대륙　조선 측에서 본 일본 또는 만주, 지나, 몽골의 인상, 선물 등.[6]

《관광조선》이 정보 전달이라는 무미건조한 기술 방식에서 벗어나 독자의 '새로움', '감동'과 '재미'를 이끌어 내기를 바라는 편집진의 의도가 엿보인다. 게다가 마지막 부분의 '조선에서 본 일본, 대륙'이라는 원고의 요구는 이 잡지의 정체성을 단적으로 드러낸다. 지금까지의 조선 여행 관련 기록물은 열도일본을 기준에 두고 조선을 일방적으로 바라보는 식으로 형성되기 쉬웠다. 그러나 여기에서는 조선이라는 기준점에서 일본

6　《観光朝鮮》, 1939·6, p. 88.

과 대륙을 바라본다는 새로운 입장을 표명하고 있다. 이는 조선이라는 공간을 일본열도의 주변으로서가 아니라 새로운 중심으로 인식하게 하고 거기에 사는 사람들에게 관심을 기울이게 하려는 방향성인 것이다.

* * *

기존 조선에 대한 여행안내서나 기행문에서 보이는 조선과 조선인에 대한 묘사는 식민지적 특성이 자아내는 '부負'의 이미지가 강하고, 거기에서 얻을 수 있는 즐거움이란 일본 민족으로서의 우월감을 자극하는 내용이 많았다. 조선에 존재하는 모든 것은 관찰과 분석의 대상이었다. 그러나《관광조선》에서는 조선 전통문화에 대한 새로운 외미 부여가 시도되고, 다채로움과 흥미 넘치는 소재를 삽입하여 그간 형성되어 고착화된 조선 이미지에 균열을 일으키려는 움직임이 보인다. 이와 동시에 관찰과 기술의 기준점을 일본열도가 아닌 조선으로 옮겨 재조일본인들에 의한 새로운 조선을 전시하려는 의도를 담으려 했음을 알 수 있다.

제 3 장

만화로 보는 '조선'

▌야마다 신이치山田新一(1899~1991), 《관광조선》 II-6 속표지

《관광조선》은 조선에 거주하는 일본인과 백화점 출입이 가능한 일부 조선인, 그리고 일본여행협회의 각 지부가 설치된 일본 번화가를 왕래하던 열도일본인들에게 판매되었다. 이 잡지는 조선이라는 공간을 '소비'하고자 하는 독자의 욕망과 식민지로서가 아닌 일본의 일부로서 향유할 수 있는 새로운 조선을 담으려는 편집자의 의도가 반영된 상품이었다. "재미있고 유익한" 잡지를 표방했던 《관광조선》에는 시류를 민감하게 반영하며 대중의 '즐거움'을 끌어내기 위해 다양한 시도가 보인다.

같은 시기 간행된 《조선의 관광朝鮮之観光》(朝鮮之観光社, 1939)을 보면, 조선의 관광지를 구석구석 소개하고 있어 정보 전달 면에서는 그 구체성과 체계성은 《관광조선》을 능가한다. 그러나 책의 첫머리 사진을 제외하면 오로지 빽빽한 글로 채워져 있어 지루한 감을 감출 수 없다. 이에 반해 《관광조선》에서는 각종 사진과 그림으로 여행지의 매력을 더하며 특집을 구성하여 조선 각지의 세부 사항을 다루고 실제 여행 정보뿐만 아니라 여행을 하면서 심심함을 달래 줄 수 있는 조선의 예술과 대중문화, 문학, 만화까지 각 영역에서 다양한 시도가 이루어진다. 이 장에서는 《관광조선》에 실린 만화를 통해 재조일본인의 삶과 조선 표상에 대해 살펴본다.

관광 잡지의 만화

《관광조선》 편집진은 앞서 살펴본 것처럼, 각 호마다 표지에 조선 여성의 얼굴을 담은 서양회화를 선보이고, 내용에도 일본 화가들의 스케치와 일러스트를 삽입함으로써 고급성과 예술성을 추구하였다. 그렇지만 창간 동기에서 알 수 있듯이 이 잡지는 많은 사람들이 보는 것을 목적으로 한 대중잡지였다. 따라서 열도일본의 대중적 흥미를 자극하여 오락거리로 소비할 만한 내용 구성은 필연적이었다. 각 호마다 실리는 짧은 형식의 '조선의 우스운 이야기', '조선의 우스갯소리', '웃기는 이야기', '콩트', '만화' 등은 기지와 해학적 요소를 통해 단시간에 독자를 잡지의 세계로 끌어들이는 매개가 되었다.

특히 만화는 사회적 분위기와 상황에 맞게 독자의 의도를 파악하고 이들이 관심을 가질 만한 재료를 취해 희화戱畵화함으로써 '재미'가 발생하는 장르이다. 《관광조선》의 만화는 대중의 웃음 포인트를 잡아내는 형태로 조선 문화, 조선과 일본 문화의 접목, 시국적 요소 등을 다루었다. 만화의 과감한 생략 기법과 과장적인 수법은 독자들로 하여금 그림을 능동적으로 해석할 수 있는 여지를 두어 상상력을 발휘하게 하는데,《관광조선》의 만화는 특유의 재치와 익살을 통해 식민지의 사회상과 제국 확장의 욕망을 담았다. 〈표 2〉는《관광조선》에 실린 만화의 목록이다.

〈표 2〉《관광조선》에 실린 만화 제목과 작가

잡지	만화 제목	작가
《観光朝鮮》I-1	만화의 페이지	野本年一
《観光朝鮮》I-2	만화	帶屋庄助, 澤田宇喜雄

《観光朝鮮》I-3	만화교실	岩本正二
《観光朝鮮》II-1	만화 경성번창기	帶屋庄助
《観光朝鮮》II-2	만화 교실	野本年一
《観光朝鮮》II-3	만화의 페이지	帶屋庄太郎
《観光朝鮮》II-4	만화 여름의 유머	堀萬太郎
《観光朝鮮》II-5	경성 여기저기	帶屋庄太郎
《観光朝鮮》II-6	만화 신체제 제1보	森比呂志
観光朝鮮改題 《文化朝鮮》III-1	신춘만화 경연회	新漫画人
《文化朝鮮》III-2	만화	野本年一
《文化朝鮮》III-3	만화의 페이지	東村尚一
《文化朝鮮》III-4	총력만화	조선만화인협회
《文化朝鮮》III-5	만화의 페이지	조선만화인협회
《文化朝鮮》III-6	만화의 페이지	조선만화인협회
《文化朝鮮》IV-1	만화의 정월	조선만화인협회
《文化朝鮮》IV-2	춘향전	奏泰正
《文化朝鮮》V-2	만화 전투하는 생활	森比呂志

　만화는 《문화조선》으로 개제한 후 전시체제를 강하게 반영하기 이전의 3권까지 꾸준하게 실렸다. 4권 이후에는 〈정월〉, 〈춘향전〉, 〈전투하는 생활〉 등의 만화가 실리는데, 풍자와 재미를 상실한 내용으로 이어지다 이후 자취를 감춘다.

《관광조선》의 만화

《관광조선》 창간호에 실린 만화는 일본의 소년잡지《일본소년日本少年》
에서 활약한 만화가 노모토 도시가즈野本年一의 작품이다. 이 호에는 조
선인으로 보이는 인물은 등장하지 않는다.

▌〈만화의 페이지〉,《관광조선》I-1

1권 2호에서는 만화의 배경이 조선이 된다. 이 호의 만화 왼편 중간의 〈해변의 이정異情〉은 게가 주먹밥을 먹고 있는 여성들을 보며 일본이 그리워 눈물을 흘리는 그림으로, 고향을 떠나 조선에 사는 일본인의 심경을 빗대어 표현하고 있다. 이 호에는 두 작가(帶屋庄助, 澤田宇喜雄)가 참여하는데 호랑이나 조선의 소가 등장하고 참외를 팔러 나와서 자기가 다 먹어 버리는 조선 양반의 모습, 대륙의 신부가 되기 위해 준비하는 처녀와 여름에 출정 나갔다가 새까맣게 그을려 돌아온 병사의 모습이 그려진다. 모두 시국을 반영한 것으로 조선 양반은 비꼼의 대상이다.

　1권 3호에는 이와모토 세이지岩本正二의 〈만화교실〉이 수록되는데,

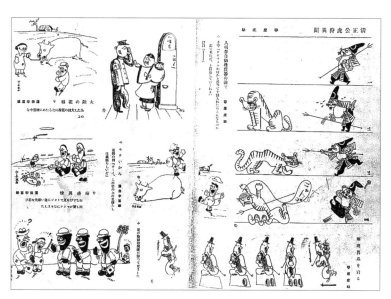

▌《관광조선》 I-2 만화

한 손에 사진기를 들고 서양식 정장 차림에 하이힐을 신은 아가씨가 뽐내듯 걸어가는 모습을 보고, 어떤 농부가 그녀의 다리를 비꼬아 저렇게 큰 무는 아직 재배해 본 적이 없다고 말하는 그림이 있다. 그리고 조선과 일본 문화가 만나면서 빚어지는 우스꽝스러운 상황도 묘사되어 있다. 뚱뚱한 일본인들이 금강산 정상까지 탈것을 이용하여 가고 싶어 하는 황당한 태도, 장승과 조선 여성의 합성사진, 소와 자동차의 대비 등이 그것이다. 또 〈군인기질〉이라는 한 컷 만화는 "그 유명한 천하대 장군이 이분이었군요. 그런데 '천하대'라는 장군은 어떤 전공을 세웠나요?"라는 대사를 통해 지역과 지리를 나타내고 마을을 지키는 민속신앙

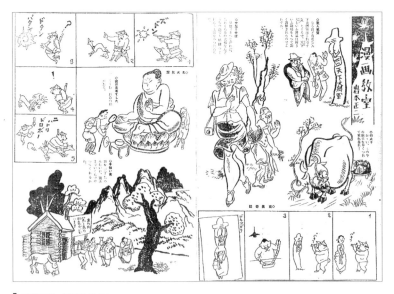

▌〈만화교실〉, 《관광조선》1-3

의 상징인 천하대장군에 대한 지식 부족으로 장군의 이름을 새긴 팻말로 착각한 엉뚱함을 드러내고 있다.

2권 1호에는 〈흥아의 봄, 경성역 번창기〉라는 만화가 실린다. 이 만화는 이 시기 경성역의 풍경을 그리고 있다. 몸뻬가 역시 최고라며 몸뻬를 입고 스키를 타러 떠나는 여성들, 애인과 도망가려는 딸에게 아버지가 일단 집으로 들어오라고 붙잡는 상황, 영어로 설명해 달라는 외국인 여성 앞에서 곤란해 하는 역원, 일장기를 들고 단체여행을 떠나는 여행객들, 개찰구마다 표가 매진되어 '만원'이라는 글자판이 걸려 있는 모습, 임시열차 운행 정보를 표시하는 인부, 손님에게 아부하는 구두닦이 소

❚ 〈흥아의 봄, 경성역 번창기〉, 《관광조선》 Ⅱ-1

년 등, 역에서 벌어지는 다양한 모습을 생동감 있게 재현하고 있다.

2권 3호에는 희화화된 조선이 그려진다. 장승의 사랑, 더위를 피하는 돌거북이, 지게를 칼걸이 대용으로 사용하는 일본 장수 그림이 있다. 그리고 지게의 다른 활용법을 통해 조선 서민 노동의 상징인 지게가 전쟁을 돕는 도구로 바뀐 모습을, 양모증산계획의 실천으로 양과 코끼리를 교배하여 양의 털을 가진 거대한 코끼리를 생산하는 조선 양반을 통해 식민지 경제 창출에 가담하는 조선인의 모습을 그린다.

2권 4호에는 〈근대 물리학〉이란 주제로 뚱뚱한 손님을 태우는 인력거꾼의 지혜를 보여 준다. 그리고 〈하늘을 원망하다〉라는 한 컷 만화

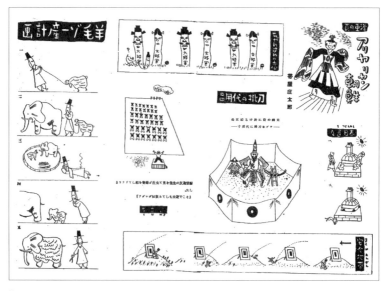

▌〈만화의 페이지〉, 《관광조선》 II-3

■ 〈만화 여름의 유머〉, 《관광조선》 II-4

는 뜨거운 태양 아래서 논밭의 물이 마를 것을 걱정하는 새까만 시골 여성과 양산을 쓰고 길을 걸으며 얼굴이 타는 것을 염려하는 도시 여성을 대조하고 있다.

　2권 5호에는 경성 체험의 다양한 모습이 보인다. 《관광조선》은 일본어 잡지인데 여기에서만은 '서울 거기저기'라는 한글이 보인다.[1] 첫 그림은 곱게 화장을 한 '애국기생愛國妓生'이 인력거를 타고 경성을 다닌다

---

[1]　원래 '거기저기'는 '여기저기'로 쓰여야 할 것인데, 여기에서는 일본식 한국어 해석의 오용으로 보인다.

는 내용이다. 그리고 시골에서 온 남성이 경성역 주변에 있으면서도 역
을 찾지 못하고 헤매거나 분수를 보고 수도관이 망가진 것으로 착각하
고 손님이 많은 전철에 놀라는 등 도시화된 경성에서 혼돈을 겪는 시골
사람의 모습을 그렸다.

　2권 6호의 〈신체제 제1보〉는 내선일체를 강조하는 만화로 양 민족이
서로 먹을 것을 나누고 어려운 시기에 사치하지 말고 평상복 차림으로
시집을 가되 일본식 버선과 결혼용 쓰개만은 착용해 신부라는 것을 알
리자는 내용이다. 조선 문화에 일본의 것을 섞어 넣으려는 시도, 조선과
일본 상호 간의 협력, 조선의 도시 문화와 시골 문화의 격차, 전시체제

〈만화 신체제 제1일보〉, 《관광조선》 II-6

를 돕기 위한 노력 등을 웃음의 소재로 삼았다.

　이와 같이 《관광조선》의 만화는 당시 사회적 분위기와 상황에 맞게 독자들에게 조선의 이미지를 전달하기 위한 도구로 사용되었다. 여기에서 드러나는 익살과 재치는 가치중립적인 것이 아니라 일본 제국주의의 선전 도구로도 활용되어 정책적 방향을 지시하고 있다.

《문화조선》의 만화

《문화조선》으로 잡지명을 바꾼 후 3권 1호에는 경성신만화인협회 회원의 다양한 만화가 실린다. 조선의 민속놀이, 천하대장군, 민속의상, 곰방대를 문 양반 등의 소재를 통해 일본인의 시각에서 본 조선의 전통문화가 드러난다.

3권 2호의 만화는 여행을 떠나고 싶어 여행가방을 묶어 술상을 차린 아내, 뉴턴의 법칙에 따라 감나무에서 감이 떨어지길 기대하고 있는 조선 노인의 모습이 그려져 있다.

3권 3호의 만화는 가솔린 한 방울이라도 아끼기 위해 차를 타지 않고 걷는 것을 통해 전쟁시국에 참여하는 사장님, 다산多産을 강조하는 내용, 비용을 아끼기 위해 벚꽃놀이도 자제하고 집에 있는 꽃나무를 감상하자는 내용, 전시기 출산 장려와 절약을 강조하는 내용으로 이루어져 있다. 한편 조선인이 등장하는 네 컷 만화에는 백의가 더러워지는 것도 마다 않고 일본인의 담배에 불을 붙여 주는 조선인의 모습이 나온다. 애처롭게 보이는 장면인데 만화 속 인물들은 모두 활짝 웃고 있다.

3권 4호의 〈총력만화〉는 조선만화인협회의 그림으로 노인의 담뱃재를 염려하여 따라다니며 불조심을 강조하는 소년, 스파이를 조심하자는 내용, 길에서 넘어진 김에 쇠나 나무 같은 자원을 줍자는 내용, 물 부족을 대비하여 우물을 파거나 애국반의 활동을 그린 내용들로 채워져 있다.

3권 5호의 만화도 조선만화인협회의 그림으로 전시체제에 대한 민

▌〈신춘만화경연회〉, 《문화조선》 III-1

▌〈만화〉, 《문화조선》 III-2

▌〈만화의 페이지〉, 《문화조선》 III-3

▌〈총력만화〉, 《문화조선》 III-4

〈만화의 페이지〉, 《문화조선》 III-5

〈만화의 페이지〉, 《문화조선》 III-6

간의 협조가 그 주제이다. 항아리를 이용하여 여러 가지 채소를 기르는 조선 여성 그림에서 조선 고유의 맛을 담는 용기인 장독은 채소를 기르는 도구로 바뀐다. 그 외에 국력을 신장하기 위해 자원을 절약하고 체력을 기르는 일본인의 일상을 그리고 있다. 3권 6호도 조선만화인협회의 그림으로 조선의 가을 풍경을 그리고 있다.

4권 1호의 신년을 소재로 한 만화 역시 일상에서 전쟁을 준비하는 일본인들을 소재로 삼고 있다. 4권 2호에는 〈만화 춘향전〉이라는 제목의 〈춘향전〉 전체 내용을 소개한 만화와, 5권 2호의 시국을 강하게 반영한 〈전투하는 생활〉이라는 만화가 보인다.

만화에서 보이는 조선의 풍경, 조선인 그리고 일본인이 어우러져 빚어내는 상황은 일본인의 눈으로 본 조선과 조선인에 대한 심리적·감정적 표현이었다. 만화에서 간결한 형태로 제시되는 재치와 익살은 사고를 단순화시켜 비판적 판단을 무력하게 만드는 역할을 하기도 하는데 《관광조선》은 웃음에 정치를 반영한 전형적인 예였다.

* * *

만화와 같은 웃음을 자아내는 매개체는 보는 자와 대상을 더 가깝게 느낄 수 있도록 작용한다. 《관광조선》에서 만화는 열도일본인에게 조선에 사는 일본인들의 생활상을 재미있게 표현하여 전달하려는 목적과 조선 문화에 익살을 더함으로써 일본인들에게 친근하게 다가가는 역할을 담당했음이 분명하다. 그러나 재미를 끌어내기 위해 조선의 문화와

〈만화의 정월〉, 《문화조선》 IV-1

〈춘향전〉, 《문화조선》 IV-2

조선인은 본래의 의미와 존재 가치를 상실한 채 웃음거리를 유발하는 도구로 사용되었다. 이처럼《관광조선》은 예술성과 대중성 사이를 오가며 혹은 양쪽 사이에서 적당한 거리를 유지하며 일본 대중을 잡지의 세계로 끌어들였다.

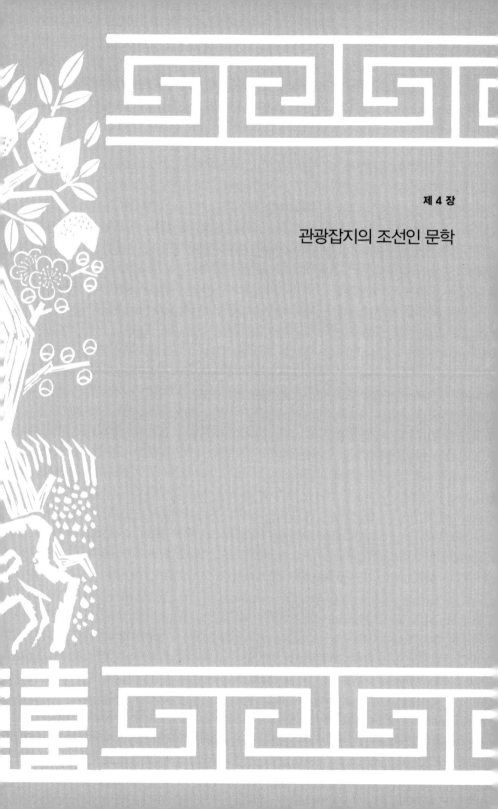

제 4 장

관광잡지의 조선인 문학

▎이인성李仁星(1912~1950), 《문화조선》 III-2 속표지

조선 여행과 관련된 문학은 잡지를 돋보이게 했다.《관광조선》의 문학은 당시 조선과 일본에서 활동하는 신진 작가들의 작품이 주를 이루었다. 당시 일본 문단에서는 조선인 작가에 대한 정보가 거의 없거나 있어도 관심의 대상이 되지 못했다. 이러한 상황에서 관광잡지는 필력 있는 조선 작가들의 단·중편 작품을 가볍게 읽을 수 있는 장이 되었다. 이는 정체되어 있던 당시 일본 문단에 새로운 기운을 불어넣는 계기가 될 뿐 아니라, 문학에 대해 잘 몰라도 관광잡지를 통해 가볍고 편하게 새로운 문학을 접할 수 있다는 잡지 독자들의 예술 지향 심리도 자극할 수 있었다. 이 장에서는 일본 문학계에서 이슈가 된 조선인 문학 현상을 살펴보고《관광조선》의 조선인 문학, 특히 김사량의 작품을 통해 식민지 말기 조선 작가의 문학 양태를 살펴본다.

1930년대 말 조선문학

《관광조선》에 실린 조선 작가의 문학이 일본인을 향한 조선 소개의 신선한 장치가 되었음은 말할 것도 없다. 이 잡지의 간행 목적은 다수의 일본인 독자를 섭렵하는 것이었기에, 문학에 있어서도 매너리즘 탈피를 위해 새로운 소재를 추구했음을 짐작해 볼 수 있다.

《관광조선》이 간행된 1939년에는 때마침 일본 내에서 '조선 붐'이 일어났고, 대중잡지인《모던일본モダン日本》의 조선판이 발행되는 상징적인 사건이 있었다. 임시 발행된《모던일본 조선판》에는(1939년 11월과

1940년 8월, 2회 임시 증간) 평상시 잡지 발행 분량을 넘어서 조선과 관련된 방대한 내용이 실렸다.[1] 여기에는 조선의 일상, 여행 안내, 시각표, 조선의 유명 인사, 시, 기생에 대한 소개, 조선 관련 좌담회, 수필, 전설, 콩트, 화가들의 그림, 창작소설에 이르기까지 《관광조선》과 마찬가지로 조선 문화 전반의 다채로운 정보가 제공되었다. 일본에서 간행된 '조선 문화 잡지'로 완성되었던 것이다. 발간 취지는 "한 사람이라도 더 많은 이에게 조선을 알리는 것"[2]이었다.

기쿠치 간菊地寬은 "조선에도 문단이 있고 많은 작가가 있지만 작품을 접한 적이 없다. 다행히 이번 증간호에 다수의 조선 작품을 소개한다는데 그것만으로도 즐거움과 기대가 크다"[3]며, 이 잡지 발간을 통해 일본인에게 조선문학과 조선에 대해 알리는 것에 대한 기대를 표현했다. 《모던일본 조선판》의 〈조선의 작가를 말하다〉에서는 조선의 근대문학과 작가가 대대적으로 소개된다.

조선은 신문학이 시작된 지 겨우 13년밖에 되지 않아 작가들이 매우 젊다. 젊은 만큼 활기차고 패기 있다. 그리고 조선의 신문학이 시

---

1 본서에서는 《모던일본 조선판》 내용을 윤소영 · 홍선영 · 김희정 · 박미경 공역인 《일본잡지 모던일본과 조선 1939》(《モダン 日本》(1939년 11월 임시증간호), 어문학사, 2007)와 홍선영 · 윤소영 · 박미경 · 채영님 공역인 《일본잡지 모던일본과 조선 1940》(《モダン 日本 朝鮮版》(1940년 8월 임시증간호), 어문학사, 2009)의 두 권을 저본으로 사용한다. 1939년 판을 《모던일본 조선판》(1)로, 1940년 판을 《모던일본 조선판》(2)로 표기한다.

2 〈발간사〉, 《모던일본 조선판》(1).

3 《모던일본 조선판》(1), 513쪽.

작될 무렵부터 맨몸으로 분투하며 선진 문학을 뒤쫓고 있어서 모두 여유가 없고 급하다. 기쿠치 간은 톨스토이도, 도스토예프스키도, 모파상도, 발자크도 일본 문학계에 모두 한꺼번에 들어왔다고 어디엔가 썼는데 조선 문단 역시 그러하다. 그러나 일본 문학계가 서양의 문학을 수용하는 데에는 70년이라는 세월이 소요되었는 데 반해 조선의 문학계는 불과 30년 사이에 이를 이루어 내야만 했다. 그래서 매우 숨을 헐떡이는 것이다. 하지만 현재는 조선의 작가도 자신의 템포로 호흡하고 있다.

조선문학이 일본문학과 조금 다른 점은 애초부터 압도적으로 북유럽 자연주의문학의 영향을 받고 있다는 것이다. 이는 우리 땅이 대륙과 연결되어 있고 북방적인 요소를 내적으로 가지고 있기 때문인 것 같다. 조선 문학자가 일반적으로 일본문학의 영향을 그다지 받고 있지 않다는 사실도 주목할 만하다.[4]

김사량은 이 글을 통해 조선 근대문학의 역사가 짧고 일본과는 다른 토대에서 문학적 자양분을 얻고 있다는 점에 대해 언급한다. 그는 같은 글에서 조선의 유명 작가와 작품에 대해 소개하는데 이광수의 〈무정〉·〈사랑〉, 염상섭의 〈만세전〉·〈삼대〉·〈이심〉, 김동인의 〈감자〉·〈배따라기〉·〈김실년전〉·〈선구녀〉, 이기영의 〈쥐불〉·〈고향〉, 김남천의 〈소년행〉·〈대하〉, 장혁주의 〈여명기〉 등을 예로 들며 조선문학이 지니

---

4 《모던일본 조선판》(1), 394쪽.

는 특수성을 강조한다. 그는 조선문학의 특수성을 한 가지라도 더 이야기하려고 몇 페이지 되지 않는 지면에 수많은 조선 작가의 이름을 나열했다.[5] 여기에는 일본 문단의 조선을 향한 관심 촉구와 조선 작가들의 좀 더 넓은 무대로의 진출이라는 양방향 작동에 대한 기대가 보인다.

이 시기는 조선문학 붐이 일었다. 예를 들어 김사량의 작품《빛 속으로》(1939·10)가 아쿠타가와상 후보에 오르고, 일본 문예잡지인《문예文藝》에서 〈조선문학특집〉(1940·7)이 구성되었으며,[6]《조선소설대표작집 朝鮮小説代表作集》(教材社, 1940)도 간행되었다. 그리고 아카쓰쇼보赤塚書房에서《조선문학선집朝鮮文學選集》(1940)이 출간되기도 한다.[7]《조선문학선집》에 수록된 작품은 몇몇 작품을 제외하고는 조선 작가들의 기존 작품 번역이 주를 이루었는데, 그만큼 조선문학이 일본에 알려지지 않은 상태였음을 알 수 있다.《조선문학선집》에 실린 조선 작가들은《관광조선》과《모던일본 조선판》에서도 상당한 활약상을 보인다.

한편 김사량은 "현재 조선의 작가들은 자신의 일에 매우 기쁨을 느끼

---

5   김사량은 같은 글에서 이 작가들 외에도 이태준·이효석·김유정·이무영·엄흥섭·안회남·채만식·유진오·한설야·최명익을 거론하고, 조선 문단의 신인으로서 정인택·현덕·정비석·김소엽·박노갑·김동리·박영준·김영수·계용묵을, 극작가로서 이서향·김승구를 들며 미래를 짊어질 작가라고 소개했다. 또한 여성 작가로는 김말봉·백신애·최정희를, 시인으로는 김용제를, 평론가로는 박영희와 김문한을 소개하고 있다.

6   김계자,《근대 일본문단과 식민지 조선》, 도서출판 역락, 2015, 166~167쪽.

7   이 책은 1권에 이태준 〈鴉〉, 유진오 〈金講師とT教授〉·〈秋〉, 이효석 〈蕎麦の花の頃〉, 강경애 〈長山串〉, 이광수 〈無明〉이 실리고, 2권에는 최정희 〈地脈〉, 박태원 〈距離〉, 김남천 〈姉の事件〉, 김동인 〈足指が似て居る〉이 실렸다. 3권에는 안회남 〈謙虛〉, 염상섭 〈自殺未遂〉, 이석훈 〈嵐〉, 김사량 〈無窮一家〉, 최명익 〈心紋〉이 실렸다. (와타나베 나오키 외 편,《전쟁하는 신민, 식민지의 국민문화—식민지말 조선의 담론과 표상》, 소명출판, 2010, 352쪽)

고 있으며, 그 고통과 노력이 너무나도 진지"하다며 "조선 문단이 하나같이 장혁주를 질투하고 있다"는 소문은 일본 문단의 오해라고 말하고 당시 일본어 작품으로 조선과 일본의 문단에서 화제가 되고 있던 장혁주에 대해 언급했다.[8] 일본 문단의 장혁주에 대한 주목은 일본에서 어떤 조선문학이 반응을 얻었는지 알 수 있는 통로가 된다.

조선인 일본어 작품의 일본 문단 진출은 1922년 정연규의 〈혈전의 전야〉가 있으나, 1932년 장혁주의 〈아귀도〉가 종합잡지에서 당선되며 화제성을 안고 일본 문단의 주목을 받았다. 〈아귀도〉는 《개조改造》 주재의 제5회 현상창작 2등에 당선되었다. 이는 종주국 문단에 조선인 작가의 등단을 알리는 것이었다.[9] 장혁주에 의한 일본어 문학의 탄생은 1911년 시행된 제1차 조선교육령 이후 일본어 교육의 산물이기도 했다. 이 소설이 당선되었을 때 《개조》 편집부에서는 "조선 작가로서 일본 문단에 웅비하는 최초의 인물이며, 또 넓게는 세계를 향하여 조선 작가의 존재를 강하게 주장한 것"[10]이라고 평가했다. 한편으로는 〈아귀도〉에서 조선의 보릿고개를 바라보는 청년 교사의 안타까운 마음과 어쩔 수 없는 죄의식을 그린 내용이 "창작으로서보다는 리포트로서 재미있었다"[11]는 혹평을 받기도 했다. 이는 문학자로서의 재능보다는 일본인이 다룰 수 없는 측면을 조선 작가가 작품화했다는 것에 무게를 실은

---

8 《모던일본 조선판》(1), 394~396쪽.

9 中根隆行, 《〈朝鮮〉表象の文化誌―近代日本と他者をめぐる知の植民地化》, 新曜社, 2004, p. 209.

10 改造社, 〈第五回懸賞創作当選発表〉, 《改造》14(4), 改造社, 1932, p.27.

11 文芸春秋編集部, 《文芸春秋》(5), 文芸春秋社, 1932, p.41.

평가였다. 어쨌든 일본 문단이 여태까지 일본인이 몰랐던 조선 및 조선인을 발견한 것에 대한 신선한 충격을 표현했다는 점은 분명하고, 이것이 이후 조선 작가들의 문학 표현에 관심을 기울이게 한 요소가 되었음을 알 수 있다.

《관광조선》이 출간되던 1930년대 말과 1940년대 초 조선 작가의 문학은 조선인의 삶의 모습과 심리를 그리며 일본에서 새로운 소설적 풍토를 제시했다. 과거 일본인에 의한 수박 겉핥기 식 조선 묘사에 식상해 있던 상황에서 조선인의 삶과 심리를 세밀하게 그려내는 일본어 소설이 일본 문단에 새로운 기운을 불어넣을 가능성은 상당히 높았던 것이다.

《관광조선》의 조선문학과 김사량

《관광조선》의 소설란은 여행잡지의 틀 안에서 마련되는 장이기에 어떤 형태로든 조선 여행과 직·간접적으로 관련되어 있다. 소설은 《관광조선》 제2권부터 꾸준히 소개된다. 소설은 독자가 지루하지 않게 단편으로 구성되어 있다(이 책 부록에 수록된 총목차의 '완결소설' 부분 참고).

여기에서 주목하는 김사량은 1932년 민족주의 고양을 내세운 잡지 《동광東光》[12]에 〈시정초추市井初秋〉를 발표하면서 작가 활동을 시작한

---

12 1926년부터 1933년까지 발간된 종합지로, 민족주의 입장을 대변하며 주체성과 민족 사상 확립을 내세우고 사회, 역사, 문학 등의 논설과 문학작품을 게재했다. 주요 집필자는 이광수, 김억, 주요섭, 김동인, 양주동 등이다.

다. 그는 도스토옙스키와 시가 나오야志賀直哉에 경도하고 1939년 〈빛속으로〉를 《문예수도文藝首都》에 발표하면서 작가로서의 지위를 굳혀간다. 그를 유망 작가로 인정한 것은 일본 사소설의 대가 사토 하루오佐藤春生였는데, 사토는 김사량의 작품에 대해 민족의 비통한 운명을 잘 그려냈다고 평가한다.[13]

김사량은 조선인 작가가 일본어로 글을 쓴다는 것에 대해 다음과 같이 언급한다.

내지어[일본어]로 써야 할 것인가? 물론 쓸 수 있는 사람은 써도 좋다. 그러나 굳이 엄청난 고생을 하면서까지 내지어로 글을 쓰려고 한다면 글쓴이 자신에게 매우 적극적인 동기가 없으면 안 된다고 생각한다. 조선의 문화나 생활, 인간에 대해 넓은 내지의 독자층에 뭔가를 호소하고자 하는 동기 (중략) 나아가 조선 문화를 동양과 세계에 널리 알리기 위한 중개자 역할을 하고 싶다는 동기. 그런 고귀한 것이 없다면 조선어로 전달할 수 있는 많은 독자가 있으면서도 그것을 버리고 굳이 쓰기 힘든 내지어로 쓸 필요가 지금 상황에서 어디에 있을까.[14]

김사량이 말하는 조선인이 일본어로 글을 쓰는 '적극적인 동기'란 작품을 통해 한반도를 넘어 동양 및 세계로 조선 문화를 전하기 위한 사

---

13 서기재, 《《国民文学》을 통하여 본 한일 작가의 표상》, 《日本語文学》, 한국일본어문학회, 2009b, 9쪽.

14 金史良, 〈朝鮮文学風月錄〉, 《文藝首都》7(6), 保高德蔵主宰同人誌, 1939, p.101.

명이 수반된 것이어야 했다. 그렇지 않으면 일부러 조선인이 일본어로 작품을 쓸 필요는 없다고 덧붙인다. 그러는 한편 자신을 포함한 일본어 글쓰기를 하는 작가들에 대한 이해를 요구하는 글도 동시에 싣고 있다.

김사량의 작품은 1941년 창간된 문학잡지 《국민문학国民文学》[15]에 다수 실려 있다. 《국민문학》은 창간호에서 다음과 같은 창간 취지를 밝히고 있다.

(이 잡지는) 일본 정신에 의해 통일된 동서 문화의 종합을 지반으로 하여 새롭게 비약하려는 일본 국민의 이상을 노래한 대표적인 문학으로 앞으로 동양을 지도해야 할 사명을 띠고 있다.[16]

이 잡지에 김사량은 〈물오리섬〉(1942·1)을 일본어로 발표했다. 이 작품은 당시 최재서와 일본 문학자 간의 좌담회(〈신반도문학에 대한 바람〉)에서, 그 내용에 보이는 농후한 향토색이 제국 건설에 저해가 되는 민족주의 잔상이라는 비평을 듣기도 한다.[17] 이는 김사량이 젊은 시절 학생 운동에 가담했던 경력이 제국 지향의 잡지에 균열을 일으키지 않을까 하는 우려에서 나온 이야기였다.

다른 사람의 평가가 어떻든 간에 김사량은 '선진적인 근대 일본 문단

---

15 《국민문학》은 1941년 11월에 창간되어 1945년 5월까지 인문사人文社에서 발행한 월간 문학잡지이다. 편집과 발행을 최재서가 담당하였다.

16 崔載瑞 編, 《国民文学》, 人文社, 1941·11, p. 34.

17 崔載瑞 編, 《国民文学》, 1943·3, p. 4.

진출'을 통해 조선문학의 세계화라는 작가적 욕망의 발산을 원했고, 그 때문에 제국주의 지향의 일본어 잡지에 기고하여 해방 후 친일작가라는 수식어를 달기도 했다. 그러나 당시 대부분의 일본어 소설이 정치주의적인 맥락을 벗어나지 못하고 있었던 것에 반해 김사량은 아름다운 자연 묘사, 원시적인 생명력에 대한 애착, 현실에 대한 날카롭고 심원한 통찰을 그려냈다.[18] 이것이 일본 문단에서 그에게 관심을 기울인 이유이기도 할 것이다.

　김사량은 《국민문학》에 〈물오리섬〉뿐만 아니라 1943년 2월부터 10월까지 〈태백산맥〉을 8회로 나누어 연재하는 등 조선 작가로서 집필 기회를 많이 얻은 사람 중 하나이다.[19] 이러한 일본어 소설 집필이 그가 말한 것처럼 동양과 세계를 향해 조선 문화를 전달하는 유용한 도구로 사용되도록 하기 위한 적극적인 노력이었을까? 그가 어떤 계기, 혹은 어떤 내적 동기를 가지고 《모던일본》이나 《국민문학》, 《관광조선》 등과 같은 제국주의 지향 성격이 분명한 잡지에 자신의 글을 기고했는지는 분명하지 않다. 그러나 당시 국가와 사회적 시류를 반영하여 살아남으려는 잡지사의 선택, 잡지의 특색을 잘 살릴 수 있으리라는 편집자의 의도, 이러한 상황과 의도를 인지하고 글을 쓰는 작가가 함께 움직이지 않으면 성사되기 어려운 일이었다.

　여기에서 좀 더 살펴볼 김사량의 작품은, 《문화조선》의 '완결소설読切

18　방민호, 《일제말기 한국문학 담론과 텍스트》, 예옥, 2011, 74쪽.
19　大村益夫, 《国民文学　別冊・解題・総目次・索引》, 錄陰書房, 1998, p. 5.

小説'란에 실린 〈산의 신들〉(3권 5호 수록)과 〈거지의 무덤〉(4권 4호 수록)
이다. 이를 통해 《관광조선》의 전략, 즉 더 많은 일본인에게 조선의 이
미지를 새롭게 제공하려는 의도 속에서 문학은 어떻게 이용 가능한 것
이었는지, 그리고 나라를 잃은 작가가 좀 더 넓은 세계에 진출하기 위해
어떤 문학적 표현을 동원했는지 알 수 있을 것이다.

〈산의 신들〉과 〈거지의 무덤〉

〈산의 신들山の神々〉: 온천지 조선인의 '향연'

〈산의 신들〉은 1941년 9월 《문화조선》 완결소설란에 게재되었다. 텍
스트를 이끌어 가는 '나'는 조선의 무속에 흥미를 가지고 연구하는 사람
이다. 텍스트는 화자가 기차와 버스를 이용하여 Y온천을 찾아가는 내
용으로 시작되는데, 여행잡지에 실린 소설답게 당시 새로 개통된 평원
선平元線을 이용한다. 화자는 자신이 방문한 지역은 일본인에게 잘 알려
져 있지 않은 곳이라고 소개하며, 이 온천지와 관련된 '은혜 갚는 호랑
이' 전설[20]을 통해 독자를 '비일상'의 세계인 산속 온천지로 이끈다.

　여기에는 일본인 독자의 관심을 끌 만한 몇 가지 요소들이 있다. 우
선 소설의 첫 페이지에 실린 삽화이다. 이 그림은 판화로, 영험한 나무

---

[20] 온천의 최초 발견자인 나무꾼 영감의 이야기로. 호랑이의 발을 치료해 준 대가로 호랑
　　이가 산속 깊은 곳의 온천으로 안내해 줘서 영감이 이 온천에 살면서 손님을 맞이하였
　　고 지금은 그 영감의 12대손이 이 지역을 관리하고 있다는 내용이다.

■ 오카지마 마사모토岡島正元, 〈산의 신들〉 삽화(판화), 《문화조선》 III-5

아래에서 많은 사람들이 지켜보는 가운데 굿을 하는 무당이 독자를 응
시하고 있다. 두 번째로 '회임懷妊'과 관련된 조선의 민간신앙[21]에 대한
이야기이다. 텍스트의 배경이 되는 이 온천 지역은 조선인들이 질병 치
료를 위해 많이 찾는 곳이기도 하고, 온천을 둘러싼 산(대봉산)은 회임
을 하게 해 주는 영험한 산으로 알려져 있다. 세 번째로 온천장 안의 조

---

21 이 소설에서는 세 가지 방법을 소개하는데, 먼저 여자가 남탕에서 목욕을 하면 즉각
효과가 나타나 회임을 한다는 것, 둘째 남탕 입구에서 병을 따서 그 뚜껑을 몸에 지니
고 다니면 회임을 한다는 것, 셋째 가장 효과적인 것으로 남자 탈의실에서 남자의 신
발을 가져오면 바로 회임할 수 있다는 것이다.

선인 묘사이다. 욕탕 안에서 숫자 세기 노래를 부르며 남탕과 여탕에서 주거니 받거니 하는 흥겨운 모습, 노래를 잘하는 남탕의 노승과 여탕에 있는 무녀의 화답, 그들의 내연관계에 대해서도 이야기된다. 마지막으로 조선의 굿에 대한 자세한 묘사를 들 수 있다. 귀신(성황귀신, 계명귀신)을 위로하는 굿판을 소개하며 이것이 진행되는 3일간의 과정을 자세하게 설명한다. 관찰자로서 '나'의 눈에 비친 굿하는 조선 여인과 그것에 참여하는 조선인들에 대한 묘사는 그 모습이 하나하나 손에 잡힐 듯 섬세하다.

 1일은 산신당을 중심으로 치러지고, 이틀째는 산신당의 산기슭 계곡 가장자리에 있는 성황신城隍神이 머무른다는 커다란 고목 아래에서 치러졌다. 슬마리(무녀의 종자들을 말함)들이 모두 모여서 원진圓陣을 깔고 장구와 북을 두드리고 종을 흔들고 징을 울렸다. 빨갛고 보라색의 무녀복을 입은 무녀들이 빙글빙글 돌면서 춤을 추는가 하면 주먹을 하늘로 뻗으며 사납게 저주를 퍼붓기도 하고 옆에 와서 손을 비비면서 기도하는 산파와 그 노모를 향해 엄숙한 신의 계시를 내리기도 했다. (중략) 무인은 모두 네 명, 그중 한 사람은 박사무라고 하는 머리를 기른 하이칼라의 남무男巫로 남색의 옛날 군복을 걸치고 채색화로 보살을 그린 부채를 휘두르면서 목소리를 높여 주문을 외웠다. 정오경까지 이런 식으로 집 밖에서 제사를 지내고 나서 그 다음에는 산신당의 신들이나 성황신을 산파의 집으로 맞아들인다. 그때는 우선 산신당에서부터 줄을 서서 북과 장구를 치고 징을 울리면서 일행이 산신을 안내해서 산파의 집으로 내려간다. 또 성황목에서도 마찬가지로 굿을 하여 한 방에 신들을 모은다. 방 안에는 사방의 벽에 원색으로 그려진 신들의 상이 붙여져 있고 한가운데에는 커다란 상 위에 백미를 산처럼 쌓아 놓고 제사떡 네다섯 개와 돼지머리에 두 개가 놓인 술상이 차려져 있다. 각각의 위에 수팔련壽八蓮[22]의 조화가 꽂혀 있었다. 실로 여기에는 한 방에서 만난 산의 신들과 그 신을 믿는 사람들의 향연饗宴이 본격적으로 시작된다.[23]

이 텍스트는 자손을 귀하게 여기는 조선 사람들과 이를 관할하는 신들의 만남의 장으로서의 굿판을 '향연'이라는 단어로 표현했다. 여기에서 묘사되는 조선 마을은 심신 치유의 장으로서 온천, 조선인들의 유쾌한 일상과 자식을 얻고자 하는 간절한 바람이 깃든 장소, 등장인물들 사이(신녀, 승려, 목욕탕 주인)의 애정관계가 벌어지는 곳 등으로 일본 독자들의 홍미를 유발하기에 적합한 공간이다. 또한 일본 문화와는 다른 조선 전설과 민간신앙에 대한 자세한 묘사나 간간이 소설 속에 출현하는 한글 표현은 이국적 정취를 불러일으킨다. 특히 조선 서민의 '신을 부르는 잔치(굿판)'에 대한 묘사는, 일본과는 다른 조선인들만의 은밀한 영적 세계를 엿볼 수 있는 통로가 되었을 것이다.

---

22 큰굿이나 특별한 굿에서만 만드는 규모가 가장 큰 지화. 수팔련은 실제 존재하는 식물은 아니지만 종교의례를 통해 오랫동안 한국 역사와 문화 속에 존재해 왔다. 특히 한국의 불교의례와 무속의례에서 비중 있게 사용된 꽃이다.

23 《文化朝鮮》, 1941·9, pp. 28-29.

조선 전통문화에 대한 흥미로운 묘사가 김사량이 지향했던 일본어로 소설을 쓴다는 것의 의미에 도달했는지는 독자의 판단에 맡겨야 하겠지만, 이러한 조선인의 고유한 삶의 모습은 조선인이 아니고서는 표현해 내기 어렵고, 새로운 조선을 표방했던 《관광조선》 편집 주체들이 이 소설을 실었다는 것은 양자의 욕망이 같은 지점에서 만났음을 시사한다. 그러나 텍스트가 진행되는 내내 '나'라는 화자는 오로지 관찰자적 시선을 견지하고 있어 일본인인지 조선인인지 명확히 드러나지 않는다. 김사량이 일본인도 조선인도 아닌 관찰자로 자신을 상대화하고자 했음을 알 수 있다.

〈거지의 무덤乞食の墓〉: '흙만두'에서 '명당'으로

김사량의 〈거지의 무덤〉은 1942년 7월 《문화조선》 4권 4호에 실렸다. 이 텍스트는 주인공이 어릴 적 아버지를 따라 자주 놀러 갔던 고구려 왕성지인 대성산大聖山 자락 백모의 집을 15년 만에 방문하면서 전개된다. 이야기는 백모의 생일잔치, 옛 하인 봉삼, 그리고 봉삼이 아버지의 무덤과 관련된 내용을 중심으로 펼쳐진다. 주인공이 오래간만에 백모가 사는 마을을 방문한 것은 이번 백모의 77세 생일잔치가 그녀를 만나는 마지막 행사일지도 모른다고 생각했기 때문이다. 백모는 매우 검소한 사람이었는데 이번만큼은 전과 달리 크게 잔치를 벌이면서 스스로 죽음을 준비한다.

그리고 봉삼에 대한 이야기가 이어진다. 봉삼의 아버지는 원래 거지였는데 아들을 데리고 백모의 마을로 들어와 살면서 그녀의 미움을 받기도 했었다. 그리고 아버지가 죽은 후 봉삼은 면사무소에서 지정해 준 장소가 아닌 예전부터 백모가 눈여겨 봐 왔던 땅에 몰래 아버지를 묻는다. 그곳은 조선인이 믿는 풍수지리설 측면에서 봤을 때 상당히 괜찮은 곳이었기 때문이다.

이처럼 '죽음'이라는 소재가 텍스트의 저변에 깔려 있다. 그러나 여기에서 나오는 '죽음'은 결코 우울한 것이 아니다. 백모의 77세 생일잔치, 즉 죽음을 맞이하는 생일잔치는 그 어느 때보다도 성대하게 치러진다. 그리고 거지였던 봉삼의 아버지가 죽어 묻힌 곳은 후손에게 복을 내려 준다는 명당자리라는 것이다. 주인공은 봉삼이 아버지의 묘 주변 땅을 재미 삼아 파 보고 거기에 이조백자와 진사유辰砂釉 파편들이 상당히 많이 있는 것을 발견한다. 그는 귀중한 것들이 무덤 근처에 널려 있는 것으로 보아 그 자리가 복을 가져다주는 자리라고 생각한다. 이 자리에 아버지를 묻은 결과, 봉삼은 일자리를 얻어 주인에게 인정도 받고 국가의 정책적 보호를 받으며 재산도 늘려 가고 자녀도 많이 갖는 복을 누리게 되었다는 것이다.

주인공은 봉삼에 대하여 "기골이 장대하고 늠름한 고구려의 후손"과 같은 "자부와 위엄"이 느껴진다고 표현하고 있다. 그리고 어릴 적 자신을 돌봐 주던 하인 봉삼이 지금 잘사는 것을 기쁘게 여기며 그가 잘된 이유를 그의 아버지의 무덤이 '명당名堂'이기 때문이라고 생각한다. 텍스트에는 명당이라는 단어에 "무덤으로 하기에 가장 좋은 장소絶好の墓所"라는 설명이 덧붙여 있어서 과거 수많은 일본인 여행자들에게 '흙만두土饅頭'로 표현되던 조선인의 무덤에 대해 새로운 시각을 제시한다.

▌오카지마 마사모토, 〈거지의 무덤〉 삽화, 《문화조선》 IV-4

　과연 그러고 보니 이 무덤이 있는 장소는 상지법相地法과 완전히 일
치한 명당인 것 같았다. 성산聖山을 배경으로 왼쪽에는 청룡清龍, 오
른쪽으로 백호白虎가 지붕처럼 뻗어 있고 앞쪽에는 딱 맞춘 듯이 강
이 흐르고 있어 바로 앞의 전망은 활짝 펼쳐져 있다. 봉삼이 요즘 행
복한 생활을 하는 것도 어쩌면 산을 골라 묘자리를 잘 선택한 데에서
기인하는지도 모른다고 생각하니 소심해져서 함부로 무덤 근처를 파

헤칠 수 없었다. 게다가 오래된 도자기 파편과 돌에 둘러 덮인 이 초라한 무덤이 마치 대성산의 정기를 하나하나 모아 담은 황후나 귀인의 무덤처럼 여겨졌기 때문이다. 나는 그때 봉삼의 옛 무사와 같은 늠름한 풍모를 다시 한 번 창공에 떠올리며, 그와 그의 가족의 구름에 올라탄 용의 모습과 같은 다복한 앞날을 기도했다.[24]

조선 사람들의 민간신앙과 풍수설을 기반으로 한 명당에 대한 소개는 기존의 '흙만두', 즉 그 모양에 빗대어 비하하는 표현에서 벗어나 그것이 가지는 의미와 역사성 그리고 조선인 삶과의 밀착성까지도 설명한다. 조상의 무덤이 명당자리인가 아닌가에 따라서 후손의 삶이 좌우되기도 한다는 조선 전통문화를 소개함과 동시에, 봉삼의 경제적 유복과 자식들의 고등교육을 관련시켜 국가 정책의 효율성까지 강조한다.

* * *

김사량은 문학자로서의 야망─조선 작가가 일본 문단에 통하고 동양과 세계의 문단에 통하는 것─을 위해서 조선민족의 전통문화를 적극적으로 이용하였다. 과거 일본인에 의해 피상적으로 소개되던 묘사를 뛰어넘어 그 안에 감추어진 조선인의 생생한 삶의 모습과 전통적 의미를 담아내고 있다. 여기에는 노골적인 정책을 표방하는 잡지의 성격과 그 노

---

24 《文化朝鮮》, 1942·7, p. 31.

골성에 편승하면서도 자신의 문학을 널리 소개하고자 하는 문학자로서의 욕망이 보인다.

《관광조선》에 실린 조선인 소설은 조선 민족의 삶을 세밀하게 다루는 형태로 문학적 특수성을 드러냈다. 이는 당시 정체되어 있던 일본 문단에 파급을 일으킬 수 있는 신선한 소재로 편집진들이 바라던 일본 대중독자의 관심을 상기시킬 만한 매력을 지니고 있었던 것임에 분명하다.

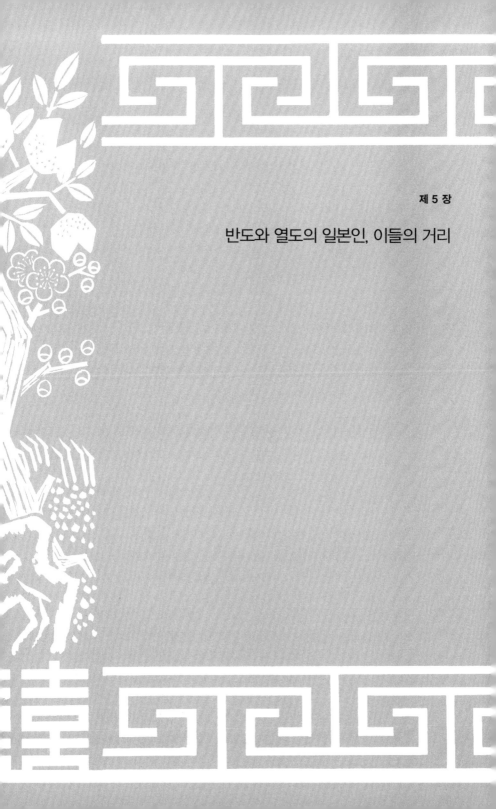

제 5 장

반도와 열도의 일본인, 이들의 거리

■ 미야오 시게오宮尾しげを(1902~1982), 《문화조선》Ⅲ-3 속표지

1876년 개항 이후 일본인들은 다양한 목적과 직업을 가지고 조선에 거주하면서 조선을 그들의 삶의 터전으로 삼았다. 본격적인 식민 통치 이후 재조일본인들은 조선 전국 각지에 분포된 공공기관, 언론기관 등을 중심으로 한 일본인 밀집 지역에 거주하면서 일본인 혹은 거래 가능한 조선인을 대상으로 상업을 영위하여 그 수와 범위가 광범위하게 확산되었다. 이들은 주로 조선 내에서 법적·제도적 우위를 점하고 있었고 문화적으로도 리드하는 계층에 속한 사람들이었다.

조선에 이주하여 삶을 영위하는 일본인 수의 대폭 증가는 조선 출생의 일본인 수 증가로 이어졌다. 1930년 이후 재조일본인의 출신지별 인구 분포가 변화하는데, 이 시기 조선 태생이 급증했다. 이들은 '조선아이朝鮮子'로 불리며 식민지 조선에서 다양한 일본인의 색을 드러냈다. 《관광조선》은 이런 '조선아이'의 자의식을 엿볼 수 있는 매개이다. 이 장에서는 《관광조선》의 일본인 문학을 통해 드러나는 재조일본인과 열도일본인 사이의 거리감에 대해 살펴보고, 재조일본인에게 있어 '조선'의 의미를 파악한다.

재조일본인과 열도일본인의
조선 인식의 거리

《관광조선》 편집부는 "반도 자체가 전면적으로 일대 비약하여 재출발" 해야 한다는 중대한 사명을 띠고 있고 이러한 국가적인 사명을 수행하기 위해서는 "조선이 가진 잠재력"을 개발해야 하는데, 그러기 위해서는 "일반 국민이 조선을 아는 것"이 가장 중요하다고 이야기한다.[1] 즉, 잡지 발간을 통해 열도일본인들의 마음을 얻는 것이 중요한 사명이었다. 이를 위해 《관광조선》 편집 주체들은 여러 측면에서 궁리했는데 좌담회 개최는 그 한 예이다.

〈다섯 화백에게 반도의 인상을 듣는 좌담회〉(I-2)

〈반도 수렵 전문가의 이야기를 듣는 좌담회〉(I-3)

〈그 후의 금강산을 이야기하는 좌담회〉(II-2)

〈낚시광 좌담회〉(II-3)

〈부산의 옛날과 지금을 이야기하는 좌담회〉(III-3)

〈소록도 갱생원 현지 좌담회〉(IV-3)

〈조선의 풍년무豊年踊를 이야기하다(좌담회)〉(IV-5)

〈면양緬羊의 호주를 이야기하는 좌담회〉(V-1)

〈반도학도의 결의決意를 듣는 좌담회〉(V-6)

〈전투하는 여성을 이야기하는 좌담회〉(VI-3)

이 중 가장 먼저 실시한 〈다섯 화백에게 반도의 인상을 듣는 좌담회〉는 일본여행협회 조선지부 주최로 다섯 명의 일본 화가들이 조선 여행

---

1 《観光朝鮮》, 1939·6, p. 2.

을 한 직후 이루어진 좌담회이다.[2] 좌담회의 글은 다른 글과 달리 즉석에서 질문하고 대답한 내용이 실리기 때문에 참가자들의 생생한 감정이 배어 나온다. 이 행사를 주최한 일본여행협회 조선지부 직원 가토 고加藤豪나 마에다 도스이前田東水 등은 화가들이 여행을 통해 새로운 조선을 느꼈을 것이라는 기대를 품고 질문을 던진다.

가토加藤: 이렇게 유명한 선생님들을 더구나 한꺼번에 조선으로 모시게 됐다는 것은 정말 흔치 않은 기회이며 천재일우라고 생각합니다. 선생님들이 부산에 상륙한 이래 눈으로 보고 귀로 듣고 혹은 입으로 맛보신 조선에 대한 인프레션 같은 것을 들을 수 있었으면 합니다.

(중략)

가토: 조선을 보시는 동안 뭔가 특이성을 발견하셨는지요? 혹은 무슨 재미있다고 여기셨던 점이 있으시면 한 말씀 해 주셨으면 합니다.

가와세川瀬: 전부 재미있었어요.

마에다前田: 어떤 점이 좋으셨나요?

가와세: 우리들이 흔히 좋다고 말하는 그런 거지요.

가토: 외관적으로 보아 좋다는 말씀이신가요?

가와세: 재미있어요. 이케가미 선생은 어떤가요?

---

2 5인의 화가들은 급작스럽게 철도국 초청으로 조선을 방문하게 되었다고 한다(《観光朝鮮》, 1939·8, p. 30). 이 좌담회의 참석자는 주최 측인 철도국 영업과 직원(加藤豪, 前田東水, 吉村金太郎, 飯山達雄, 河野通久, 宮内健九郎)과 이케가미 슈호, 나가타 슌스이永田春水, 야자와 겐게쓰矢澤弦月, 야마가와 슈호山川秀峯, 야마세 하스이山瀬巴水이다.

이케가미池上: 저는 금강산이 좋습니다. 이번에는 가지 않았지만 매년 심사가 있을 시기에 4, 5일 거기서 지냅니다. 금강산에 있는 수많은 절들은 대개 산과 잘 조화가 되어 있다고 생각합니다. 그리고 도로도 야자와 씨 말대로 이전에 생각했던 것과는 상당히 달라져 있습니다.[3]

가토는 조선을 방문한 화가들에게 조선에서 느낀 감각을 이야기해 달라며 '특이한 점', '재미있는 점'이 무엇이었냐고 반복해서 묻는다. 여행자들의 입을 통해 과거와 비교하여 달라진 조선, 현재 조선이 가진 매력을 끌어내고 싶었던 것이다. 그러나 인용문에서 알 수 있듯이 화가들의 대답은 지극히 단순하고 형식적인 내용이다. 심지어는 대답이 궁색해져 다른 사람에게 떠넘기며, 이에 응하는 사람도 동문서답으로 과거에 갔던 금강산 여행에 대한 일반적인 이야기를 하고 있다. 그리고 다른 화가는,

야마가와山川: 저는 일 관계상 여행은 별로 하지 않고, 즐기는 것도 아니어서 근교로 나가는 사생 여행조차도 안 해 왔는데, 이번에는 '기생'을 볼 수 있다는 매력과 이케가미 선생도 가와세 씨도 간다고 하니 반도에 오게 되었습니다.

가와세: 가장 큰 매력은 '기생' 이었겠지요.(웃음소리)[4]

---

3 《観光朝鮮》, 1939·8, pp. 46-48.
4 《観光朝鮮》, 1939·8, p. 46.

이와 같이 여행자들의 반응은 의외로 단순하고 그들의 관심은 여전히 조선 관광의 대명사인 '금강산'과 '기생'에 머물러 있다. 이는 좌담회 개최자와 참석자의 의도가 엇갈리는 부분으로, 개최자(재조일본인)는 여행자가 발견한 조선의 특이점과 새로움을 듣고 싶어 하는데, 참가자(열도일본인)들은 대부분 피상적으로 '재미있다', '금강산이 좋았다' 등의 틀에 박힌 대답을 한다. 결국 화가들을 조선에 초대하여 조선의 새로운 이미지를 표현해 주기를 바랐던 주최자의 의도는 실현되지 못한 것으로 보인다. 이후 좌담회 주제와 내용에서 볼 수 있듯, 아예 주제 자체를 조선만의 독특한 문화로 설정하여 그것에 대한 소개 및 감상을 듣는 형식과 내용을 취하는 등 조선지부의 인물들은 극력을 다하지만, 이후 전시체제에 깊숙이 가담하며 그마저도 색을 잃어 간다.

이처럼 재조일본인들의 바람과 열도일본인의 조선 향유 사이에는 상당한 거리감이 있었다. 이를 좀 더 구체적으로 알 수 있는 장은 문학이다.

《관광조선》의 일본인 소설

《관광조선》은 크게 관광 관련 사설, 관광 정보, 특집란, 문학(기행, 시, 하이쿠, 조선 민요, 조선 민화, 소설, 수필), 색지의 페이지(콩트, 만화, 대중문화 소개)로 그 내용을 구분할 수 있다. 문학적 요소 중 기행과 수필은 조선의 여러 지역을 소재로 하여 보고 들은 것과 감상이 주를 이루며, 소설은 일본인의 내적 심리가 드러나는 장이 되기도 한다. 《관광조선》에 수록된 일본인 소설과 그 내용은 〈표 3〉과 같다.

〈표 3〉《관광조선》에 수록된 일본인 소설과 내용[5]

잡지	소설 제목	작가	삽화	내용
《観光朝鮮》 II-1	〈연하장年始状〉	楢崎勤	星山弦	주인공 가타다라는 남성이 조선으로 간 옛 애인에게 연하장을 보내고 반송된 연하장을 보며 옛 생각에 잠겨 그녀를 그리워함.
	〈평양수첩 平壤の手帖〉	濱本浩	江口敬四郎	주인공 '나'가 평양에서 유명한 기생과 보낸 한때를 그리고 그녀를 그리워함.
《観光朝鮮》 II-2	《〈고향〉에 대하여 故郷について〉	湯浅克衛	村上美里	조선에서 태어나고 현재는 도쿄에서 대학 생활을 하고 있는 젊은이 '나'가 일본에서 징병검사를 받는 것을 계기로 '고향'이 무엇인가에 대해 다시 생각해 봄.
《観光朝鮮》 II-4	〈음력 열여섯새의 밤いざよい〉	大江賢次	岡島正元	여우에게 홀린 소년의 이야기를 소재로 한 단편 읽을거리.
《観光朝鮮》 II-5	〈아침朝〉	坪井栄	岡島正元	쓰네요라는 여주인공이 조선에서 근무하는 남편을 찾아가며 결혼생활을 회상.
《観光朝鮮》 (II-6)	〈휴지통의 시계 塵箱の時計〉	頴田島一二郎	岡島正元	주인공이 경상남도 산속에서 쓴 영화소설이 영화화되어 경성에서 상영되었을 때 받은 손목시계를 보며 당시를 회상.
観光朝鮮改題 《文化朝鮮》 III-1	〈조춘早春〉	湯浅克衛	星野二彦	일본에서 작가로서 성공을 꿈꾸는 청년이 조선에 건너가 옛 여자친구를 보고 북조선을 돌아보며 새로운 꿈과 희망에 부풀게 됨.
	〈생명의 강 生命の川〉	川上喜久子	星山弦	지인 두 명이 자살한 대동강을 직접 방문하고 거기에서 새로운 생명의 의미를 되찾는 주인공의 모습.
	〈국기国旗〉	濱本浩	岡島正元	국경의 만포진満浦鎮에 도착한 나와 M이 여기저기 국경의 마을을 살펴보던 중 어떤 조선 요리점 옆에서 일장기에 경례를 하는 여섯 명의 어린이를 보고 감동함.
《文化朝鮮》 III-2)	〈남자 아이 男の子〉	窪川稲子	北原哲哉	주인공이 조선에 사는 친구 남동생의 가정을 방문하고 그 자녀들을 보며 조선 출생 일본인들의 삶에 대해 생각함.

5   이 표의 일본인 소설 내용은 《관광조선》 1권에서 4권까지 참고한 내용으로 구성하였다.

《文化朝鮮》 III-4）	〈남쪽나라로 南の国へ〉	潁田島一二郎	宗村道生	영화 스토리. 조선의 강강술래 소개.
《文化朝鮮》 IV-1	〈시인 김군 詩人金君〉	福田清人	岡島正元	주인공 나는 예술가를 양성하는 사립대학의 강사. 야간대학 학생들 중 인상 깊은 조선인 학생에 관한 이야기와 그의 잡지 창간의 포부를 그림.
《文化朝鮮》 IV-2	〈부인지도자 婦人指導者〉	湯浅克衛	岡島正元	조선의 농촌에서 계몽 활동을 벌이고 있는 부인 지도자의 모습을 그림.

이 잡지에 소설을 기고한 일본인 작가로 나라사키 쓰토무楢崎勤,[6] 하마모토 히로시濱本浩,[7] 유아사 가쓰에湯浅克衛,[8] 오에 겐지大江賢次,[9] 쓰보이

---

6 나라사키 쓰토무(1901~1978)는 소설가로 야마구치山口현에서 태어났다. 도시샤同志社대학을 중퇴하고, 1925년 신초샤新潮社에 입사하여 《신조新潮》의 명편집자로 이름을 날렸다. 요미우리신문사 기자로도 활동했다.

7 하마모토 히로시(1891~1959)는 작가로 애히메愛媛현에서 태어났다. 도시샤 중학부를 중퇴하고, 하쿠분칸博文館 《중학세계中学世界》의 방문기자가 되었다. 이후 가이조샤改造社의 편집부원으로 일하며 다니자키 준이치로谷崎潤一郎 담당 편집자로서 활동하였다. 가이조샤 퇴사 이후 작가 활동을 하였는데, 1934년 〈열두 계단 아래의 소년들十二階下の少年達〉로 주목을 받았다. 1935~1937년 제1회부터 7회까지 나오키상直木賞 후보에 올랐다. 1938년에는 〈아사쿠사의 빛浅草の灯〉으로 신초샤문예상新潮社文芸賞을 수상했다.

8 유아사 가쓰에(1910~1982)는 소설가로 가가와香川현에서 태어났다. 초등학교 시절 식민지 조선으로 건너와 지냈다. 제1와세다고등학교를 중퇴하고 1935년 《개조改造》 현상소설 2등으로 당선하여 작가로 데뷔했다. 1936년 혼조 무츠오本庄陸男, 히라바야시 효고平林彪吾, 이토 세이伊藤整 등과 《현실現実》 제2차를 창간했다. 이어서 다케다 린타로武田麟太郎, 다카미 준高見順등과 《인민문고人民文庫》에 가담하고 프롤레타리아문학에 경사했다. 그 후 식민지 소설을 쓰고 패전 후에는 브라질 이민을 주제로 작품 활동을 했다.

9 오에 겐지(1905~1987)는 소설가로 돗토리鳥取현 출신이다. 무샤노코지 사네아쓰武者小路実篤의 아타라시키무라新しき村에 공명했고, 후에 가타오카 뎃페이片岡鉄兵의 영향으로 프롤레타리아문학을 지향했다. 1930년 《개조》 현상소설 2등이 된 〈시베리아シベリヤ〉가 출세작이 되었다. 패전 후의 작품으로 스나가와砂川 사건을 취재한 〈군중群衆〉과 자전인 〈아고전アゴ伝〉이 있다.

사카에坪井栄,[10] 에타지마 이치지로頴田島一二郎,[11] 가와카미 기쿠코川上喜久子,[12] 구보카와 이네코窪川稲子,[13] 후쿠다 기요토福田清人[14]등이 보인다. 이들 소설 속 인물들은 일본인이 조선과 관계 맺음이 어떤 의미를 지니는가를 다룬다는 특징이 있다.

---

[10] 쓰보이 사카에(1899~1967)는 가가와香川현 출신이다. 1925년 프롤레타리아 작가 쓰보이 시게지壺井繁治와 결혼했고 1938년 첫 작품인 《무의 잎大根の葉》 발표 후 다수의 작품을 발표했다. 예술선장문부대신상芸術選奨文部大臣賞을 시작으로 신초샤문예상, 아동문학상을 수상했다.

[11] 에타지마 이치지로(1901~1993)는 가인으로 도쿄 출신이다. 경성중학을 졸업했고, 1922년 《포토남ポトナム》 창간에 참가하여 1957년부터 편집 발행 대표가 되었다. 〈유민流民〉 등의 소설집이 있으며, 가집으로 〈선어집仙魚集〉, 〈여기도 붉다こ も紅〉 등이 있다.

[12] 가와카미 기쿠코(1904~1985)는 소설가로 시즈오카静岡현 출신이다. 평양여고, 야마와키여고山脇高女를 졸업했다. 1927년 〈어느 못생긴 미용사或る醜き美顔術師〉로 오사카아사히신문大阪朝日新聞 현상에 입선했고, 1936년에는 〈멸망의 문滅亡の門〉으로 문학계상文学界賞을 수상했다. 1937년 〈빛은 어렴풋하게光仄かなり〉가 발매 금지 처분이 되기도 한다.

[13] 구보카와 이네코(1904~1998)는 나가사키長崎에서 태어났다. 1926년 잡지 《로바驢馬》 동인인 나카노 시게하루中野重治, 호리 다츠오堀辰雄와 알게 되어 창작 활동을 시작했고, 동인 중 한 사람인 구보카와 쓰루지로窪川鶴次郎와 결혼했다. 1928년 《캐러멜 공장에서キャラメル工場から》를 발표하여 프롤레타리아 작가로 인정받았다. 잡지 《일하는 부인働く婦人》 편집에 참가하며 창작 및 문화 활동을 하였다. 전시 중에는 전쟁 타협의 작품을 썼고, 이혼 후 사다 이네코佐多稲子라는 이름으로 작품 활동을 하였다.

[14] 후쿠다 기요토(1904~1995)는 아동작가이자 문예평론가이다. 1929년 다이이치쇼보第一書房에 입사하였고 그 무렵 《신사조新思潮》 편집에 참가하였다. 1947년 《곶의 소년들岬の少年たち》 출판 후 창작 활동에 전념하였다. 1955년 하마다 히로스케浜田廣介 등과 일본아동문예가협회日本児童文芸家協会를 설립하였고, 나메카와 미치오滑川道夫, 도리고에 신鳥越信 등과 함께 일본아동문학회日本児童文学会를 설립하였다.

조선이라는 공간을 품은 일본인들

일본인을 끌어들이는 매력적인 공간, 사람들

열도의 일본인들에게 조선은 종종 연인이나 친한 지인, 가족 등이 존재하는 곳으로 그려진다. 예를 들어 〈연하장〉의 주인공인 가타다片田는 옛 연인 마키요眞紀代의 답장을 기다리고 있다. 둘은 서로 좋아했으나 결혼하자는 말을 하지 못한 채 지냈고 몇 개월 만나지 못하는 동안 가타다는 선을 봐서 결혼했다. 그러나 그는 그녀를 잊지 못하고 경성으로 간 그녀에게 연하장을 보냈지만 허무하게 반송되어 돌아온다는 내용이다. 여기에서 조선은 사랑에 실패한 마키요가 선택한 새로운 삶의 터전이며, 가타다가 사랑했던 여인이 존재하는 장소이다. 그리고 마키요의 조선행은 그리움에 사무친 가타다가 조선으로 이동할 새로운 가능성을 유발한다.

이러한 조선으로의 초대는 같은 호에 실린 〈평양수첩〉을 통해서도 확인할 수 있다. 이 텍스트는 조선 기생의 실상을 보여 주면서도 그녀들을 향한 환상을 자극한다. 조선의 관광지를 배경으로 한복에 고무신을 신은 젊고 아름답고 발랄한 기생이 묘사되고, 주인공은 그녀의 매력에 푹 빠진다.[15] 도쿄로 돌아온 주인공의 마음에는 기생 이추화라는 인물이 머물러 있고 이는 조선을 다시 방문하고 싶다는 욕망의 불씨가 된다.

그리고 〈아침〉은 여주인공 쓰네요가 조선에서 근무하는 남편을 찾

---

15 《観光朝鮮》, 1939 · 12, p. 18.

아가는 중의 회상을 그린 것이다. 쓰네요는 남편에 대한 사랑의 감정이 없이 결혼하였고 남편의 소심한 성격이 늘 못마땅하여 거리를 두며 지냈다. 평교사였던 남편은 어느 날 조선에 건너가면 교장 정도의 직책에 올라갈 수 있다는 것에 매력을 느껴 조선에 가기로 하고 준비하지만 쓰네요는 결국 따라가지 않는다. 방학 때마다 남편이 일본을 방문하는 식으로 생활했다. 그러나 아이를 조산하고 마음 둘 곳이 없던 쓰네요는 남편이 있는 조선으로 가기로 결심하고 홀로 여행에 나선다. 부산항에 도착한 쓰네요는 다음과 같은 심경을 토로한다.

> 바다도 육지도 아직 잠에서 깨지 않은 듯 안개에 싸여 고요한 속에서 서서히 가까워지는 부산의 마을에서 눈을 뗄 수가 없었다. 그리고 아직 보이지는 않지만 마중을 나와 있을 겐지를 향해 '저 왔어요'라고 큰 소리로 외치고 싶은 기분을 꾹 참고 있었다.[16]

자신을 반가워할 남편을 상상하며 미지의 세계로 발을 내딛는 장면이다. 쓰네요에게 조선은 평범한 남편을 특별한 존재로 바꾼 공간이자 아이를 잃고 상처 난 마음에 위로를 주는 공간이 된다.

〈남자 아이〉는 조선을 처음 방문한 주인공이 바라본 재조일본인 가정의 모습을 담고 있다. 이 가정은 일본에서 학교를 졸업하고 조선에서 근무하게 된 일본인 가정으로 조선에 정착하여 아이들을 낳아 생활하

---

16 《観光朝鮮》, 1940·9, p. 21.

고 있었다. 주인공은 이 가정의 아이들을 보고 열도일본의 아이들과 다른 재조일본인 2세의 특이한 모습을 발견한다. 또한 조선의 방송국에서 만난 청년과의 대화에서 다음과 같은 인상을 받는다.

나는 그의 시원시원한 인상 속에서 재조일본인 2세의 느낌을 받았는데, 그것은 그 사람만 특별히 그런 것이 아니다. 나는 그에게 있어서 조선이 고향이라는 것을 절실하게 느꼈다.[17]

주인공은 열도일본인과는 다른 재조일본인들의 특성에 대해 언급한다. 열도일본인이 보기에 이들은 자신들에게 익숙한 일본인이 아니었던 것이다. 그러면서 재조일본인들의 고향은 '조선'이라고 생각하게 된다.

이상의 소설의 화자는 열도에 거주하는 일본인이다. 이들에게 조선은 과거 이루지 못한 사랑의 실현을 암시하는 곳이고 기생과 아름다운 추억을 떠올리게 하는 곳이며 부부 사이의 거리를 좁혀 주어 심리적 회복을 얻는 장으로 부각된다. 즉, 조선은 현실적 생활공간이기보다는 현실도피를 위한 이상적 공간으로 묘사되어 일본인의 사랑과 관심을 끄는 장소로 표현되는 것이다. 한편 열도일본인 측에서 바라본 재조일본인은 일본에서 만난 여느 일본인과 다르다는 인상을 주었다. 그리고 그들을 '조선이 고향인 일본인'으로 여겼다는 것을 알 수 있다.

---

17 《文化朝鮮》, 1941·3, p. 18.

재조일본인의 '고향' 의식

한편《관광조선》의 소설에는 재조일본인의 심경이 리얼하게 드러나기도 한다. 〈고향에 대하여〉는 조선에서 태어나고 자란 재조일본인 2세가 징병검사를 받으러 일본 호적지의 마을, 즉 아버지가 태어난 곳에 가는 과정에서 느끼게 되는 감상이다. 그는 징병검사를 계기로 '고향'이 무엇인가에 대해 다시 생각해 보게 된다.

조선의 중부에서 살았던 우리들에게 있어 '내지'라는 말이 얼마나 아름답게 울려 퍼졌던가. 누구도 '고향'이나 '향토'라는 말을 사용하지 않았다. 그런 것을 초월한 것으로서 좀 더 큰 무한한 동경을 담아서 우리들은 '내지'라는 말을 사용했다. (중략) 따라서 내지에서 온 사람은 아무리 성격이 이상해도 어느 정도는 학내에서 귀히 여김을 받았고 그들도 뻐기고 다닐 수 있었다.[18]

중학교를 졸업하고 입시 때문에 도쿄로 향하는 차 안에서 다른 승객이 우리들 서너 명에게 물었다.

"학교는 어디 다니나요?"

"경성입니다. 경성중학입니다."

우리들은 자랑스럽게 학교 이름을 말했다.

"아 그래요? 저는 내지 사람이라고 생각했습니다. 그래요? 고향이

---

18 《観光朝鮮》, 1940·3, pp. 22-23.

조선인가요?"

　우리들은 기분 나쁜 표정을 지었다. 그중에 가장 기분 나쁜 표정을
지었던 한 친구가 장황하게 자신의 호적지와 아버지의 태생에 대해
말했다. (중략) 고향이 조선인가요? 라는 질문을 받으면 왜 모두가 그
렇게 갑자기 싫은 표정을 짓는 것일까. 왜 '네 맞아요'라고 바로 쾌활
하게 대답할 수 없는 것일까? 그렇다면 우리들의 고향은 대체 어디란
말인가.[19]

　재조일본인 2세들에게 '일본'은 고향의 개념을 뛰어넘은 '동경'의 장소
였다. 이들은 열도일본을 고향이라고 부르기에 어색할 정도로 그곳에
서의 경험이 없음에도 불구하고 고향이기를 갈망했다. 두 번째 인용문
은 그들에게 고향의 '역할'을 하는 조선에 대한 생각이다. 그들은 조선
을 결코 고향이라 부르지 않았으며 그것을 수치스럽게까지 느낀다.

　결국 이들에게 고향은 현실적이지 않은 애매모호한 것이었다. 열도
일본인들과 같은 일본어를 사용하지만 그들만의 일본어가 존재했으며,
조선이라는 지역에서 자연스럽게 형성된 그들만의 공감대가 있었다.
그 때문에 이들이 막상 일본에 가면 이질감을 경험했다. 재조일본인 2
세는 식민지 현실이 낳은 새로운 일본인이었던 것이다.

　〈국기〉[20]에는 일본을 떠나 조선의 국경 지대에서 철도 건설에 여념이

---

19 《観光朝鮮》, 1940·3, p. 24.
20 《文化朝鮮》, 1940·12, p. 28.

없는 젊은이들이 그려진다. 여기에 모인 청년들은 일본을 하염없이 그리워하며, 도쿄에서 지낼 적 이야기로 밤이 새는 줄도 모른다.

〈휴지통의 시계〉는 부모님을 따라 조선에서 생활했지만 현재는 도쿄에 거주하는 주인공의 고향에 대한 심경이 드러난다. 주인공은 자신이 조선에서 쓴 소설이 영화화되어 경성에서 상영되었을 때 기념으로 받은 손목시계가 휴지통에 버려져 있는 것을 보며 조선에서 지내던 시절을 회상한다. 그리고 그는 조선을 배경으로 한 영화 시사회를 마치고 다음과 같은 심경에 잠긴다.

나는 〈친구〉의 시사회에 갔다. 그리고 영화의 배경이 된 청명한 공기에 씻긴 듯한 아름다운 경치를 봤다. 잊고 있어서 미안하다는 생각이 들었다. 사람들은 조선을 제2의 고향이라고 한다. 그런 사람이 매우 많은데 나 같은 사람은 내지에 고향다운 고향이 없기에 조선이 제1의 고향이다. 먼 다른 땅에서 잊고 지냈던 고향의 풍경을 영화를 통해 보았다. 나는 에트랑제etranger의 기분으로 그것을 봤다고 하기보다는 한 사람의 불효자로서 어색한 심정으로 봤다고 하는 편이 맞다.[21]

주인공은 현재 일본에 거주하지만 조선에서 나고 자랐기에 자신에게 '고향다운 고향'이 없다고 고백한다. 그래서 조선을 '제1의 고향'이라고 여겨야 한다고 말한다. 그렇지만 조선에서 받은 시계가 자신도 모르게

---

21 《観光朝鮮》, 1940·11, p. 22.

버려져 있듯이, 그의 무의식은 조선을 고향으로 받아들이고 싶어 하지 않는다. 한편으로 일본 또한 고향처럼 느낄 수 있는 공간이 아니라는 것도 드러낸다. 그는 〈친구〉라는 영화를 통해 그동안 잊고 있었던 조선의 풍경과 마주하고 거기에 여전히 삶의 터전을 마련하고 있는 부모에 대한 미안함과 어색한 감정을 표현한다.

버려진 시계와 같이 자신의 마음속에서 버려진 '조선'을 스크린을 통해 마주하는 주인공의 심경에는 스스로 거부할 수 없는 낯익은 조선이 느껴진다. 벗어나고 싶지만 벗어날 수 없는 곳, 그곳이 자신들이 나고 자란 '식민지 조선'이었던 것이다.

재조일본인이 '고향'이라고 부르는 곳은―그들이 설령 조선에서 나고 자랐다 하더라도―'일본'이었다. 그 누구도 조선을 고향이라고 부르고 싶어하지 않았고 언젠가는 일본에 가서 정착하기를 바랐다. 그들은 조선을 삶의 터전으로 삼으면서도 마음으로는 거부했다. 이처럼 실제적 고향의 기능을 가진 '조선'과 이상적으로 품고 싶은 고향인 '일본' 사이에서 재조일본인들의 삶은 떠돌고 있었다.

완벽한 황국신민 지향: 자기합리화를 위한 페르소나

《관광조선》에는 시대에 부응하여 새로운 자기표현의 공간으로 조선을 인식하는 내용의 소설도 실린다. 《관광조선》 편집진은 《문화조선》으로 잡지명을 바꾸면서 "자기가 모르는 문화에 접하고 그 인식을 새롭게 하여 생활 건설과 발전을 회구하는 적극적 행동"[22]이라는 사명을 표명한다. 따라서 이 이후에 실리는 소설들은 이러한 정신을 고스란히 반영하여 조선에서 적극적으로 활동하는 일본인들의 모습을 부각시킨다.

〈조춘〉은 3년 만에 조선을 방문한 마치다町田라는 인물의 이야기이다. 마치다는 조선에서 자라고 고등교육을 위해 일본으로 건너가 작가로서의 성공을 꿈꿨던 청년이다. 그는 결혼도 하고 작가로서 인정을 받는 듯했으나 그것도 오래가지 않아 다시 조선으로 돌아오게 된다. 거기에서 초등학교 동급생이었던 여자 친구를 보고 가슴이 설레기도 한다.[23] 그는 '반도의 느낌'[결코 고향의 느낌이라고 표현하지 않는다]을 통해 좌절감을 회복한다. 그리고 '북조선'에서 새롭게 펼쳐질 자신의 미래를 내다보며 "모든 것이 새롭고, 모든 것은 지금부터 시작이다"[24]라는 차오르는 희망과 감격을 이야기한다. 텍스트는 북진하는 일본제국의 세력과 함께 새로운 인생의 출발을 알리는 주인공의 결심을 그리며 일본인의 역동적인 삶을 강조한다.

〈부인지도자〉는 주인공이 조선 중부지방 시찰 때 만난 40대 부인지도자에 대한 이야기이다. 그녀는 절약과 근면의 실천자로 조선의 농촌에서 여성들을 지도하는 역할을 담당하는데, 주인공의 눈에는 조선에서 새로운 꿈과 희망을 찾아가는 모델로 비춰진다.

---

22 《文化朝鮮》, 1940·12, p. 9.

23 《文化朝鮮》, 1940·12, p. 23.

24 《文化朝鮮》, 1940·12, p. 23.

〈생명의 강〉은 경성에서 활동하는 여성 작가의 이야기이다. 그녀는 대동강에 몸을 던져 죽은 지인들 때문에 '대동강'과 '조선에서의 죽음'에 대한 막연한 공포를 느끼고 있었다. 그러나 막상 대동강을 방문하여 그 고요함과 평안함을 통해 자신을 괴롭혔던 죽음의 망령에서 헤어나는 듯한 느낌을 가지게 된다는 내용이다. 그녀는 대동강을 마주하고 돌아가는 길에 다음과 같은 감상을 전한다.

아키코와 그녀의 어머니를 삼킨 것은 이 강이 연주하는 유구한 음률이 아니었을까. 그녀들의 죽음은 패망이 아니라 유구에 비약적으로 참가하는 것이 아니었을까.[25]

작가는 조선에서의 죽음이 끝을 의미하는 것이 아니라 영원함에 참여하는 것이라고 표현한다. 고향으로 여기고 싶지 않은 공간에서 죽음을 맞이할 수도 있다는 불안감은 죽음이 끝이 아니라 영원에 참여하는 과정이라는 발상으로 전환된다. 그리하여 조선이라는 공간은 인생을 영위할 만한 새로운 장소로 의미를 부여받는다.

* * *

《관광조선》에는 식민지 조선을 방문하거나 거기에서 살아가는 다양

---

25 《文化朝鮮》, 1940·12, p. 27.

한 일본인들의 군상이 존재한다. 특히 수십 년의 식민지 통치 과정에서 생겨난 재조일본인들의 모습이 두드러진다. 이들은 조선이라는 공간에 존재하고 조선 내에서 문화적 현상을 주도했다. 그러나 반도에서 나고 자라고 조선을 생활의 터전으로 삼으며 조선의 풍경이 아무리 친숙하게 느껴져도 이들은 결코 조선을 '고향'이라 부르지 않았다. 그렇다고 일본을 고향처럼 느끼는 것도 아니었다. 재조일본인들은 고향의 기능을 하는 조선에 대한 거부와 일본에서 체감하는 낯선 느낌으로 인해 양공간 모두에 정착하지 못하고 결국 부유하는 존재로 자신을 느꼈던 것이다.

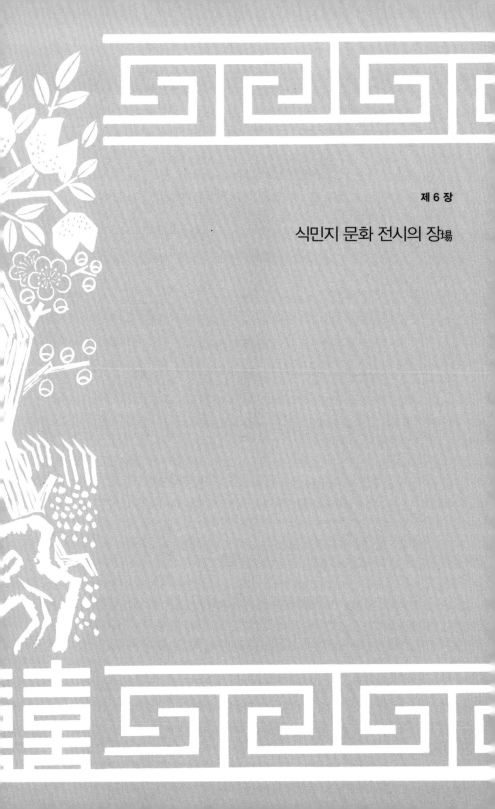

제 6 장

식민지 문화 전시의 장場

■ 심형구沈亨求(1908~1962), 《문화조선》III-4 속표지

《관광조선》이 출간되는 시기 일본의 관심은 한반도보다는 대륙으로 향해 있었다. 그 때문에 잡지 편집 주체는 조선에 대한 소개가 과거 이미지의 재생산에서 벗어나야 한다는 것에 집중했다. 조선이 열도일본인의 무관심 속에 묻혀 버리기에는 너무나도 많은 일본인들이 조선에서 거주하고 있었기 때문이다. 이미 조선에 정착한 일본인 2세가 사회에서 활약하게 되면서 재조일본인으로서 아이덴티티를 구축한 세대들의 층이 두터워져 가는 상황이었다.

재조일본인들에게 조선은 '삶의 터전'(조선과 밀착)임과 동시에 '식민지'(열도일본과의 거리)라는 특수성을 유발하는 공간이었다. 그들은 열도일본을 한없이 동경했으며 양 문화적 특성을 지니고 있었기 때문에 끊임없이 두 장소 사이의 관계적 중요성을 확인받고 싶어 했다. 재조일본인이 주가 되어 발간한 《관광조선》은 이러한 일본과 조선의 관계 개선에 대한 전략이 담기지 않을 수 없었다.

조선 여행의 특화

중일전쟁, 만주국 건설 등은 일본인의 관심을 반도보다는 대륙에 집중하게 했다. 그러나 《관광조선》의 편집 주체, 즉 일본여행협회 조선지부는 일본에서 발행된 《다비旅》, 만주의 《관광동아観光東亜》 같은 잡지가 조선에도 필요하다는 점을 강조하여 일본, 만주, 조선을 동등한 위치에 두고자 했다.

이미 일본여행협회 본부에서는 잡지 《다비》가 발행되고 있고, 만주지부에서는 신동아 인식을 위한 안내서로 《관광동아》가 매월 간행되고 있음에도 불구하고 우리 조선지부가 군이 지금 동종의 잡지 《관광조선》을 간행하는 이유도 이 《관광조선》의 의의와 사명이 큼과 특수성을 고려했기 때문이라고 할 수 있다.[1]

군이 같은 종류의 잡지를 조선지부에서 발간하는 이유에 대해서, 조선 관광의 의미를 재발견하고 그 특수성을 드러내기 위함이라고 언급하고 있다. 편집진은 《관광조선》 발행을 통해 '일본인의 공간'으로 조선을 다시 선보이고, 열도일본과 조선의 문화를 공유하는 장으로 활용되기를 원했다. 과거 조선 관련 여행안내서의 조선 표상은 역사가 멈춰 버린 정지된 공간, 박물관의 유물 같은 공간, 미개하고 불결한 요소를 품고 있는 식민지, 그 때문에 연민과 일본인의 우월의식을 자극하는 공간이었다. 또한 대표적 관광지나 상품도 금강산, 기생, 인삼 등과 같은 정해진 내용이 무미건조한 형태로 반복 소개되어 온 한계가 있었다. 따라서 조선이 '식민지'가 아닌 '제2의 내지'로서 열도의 일본인에게 인식되기 위해서는 구태의연한 소개 방식에서 벗어나야 한다는 방법적 전환이 전제되어 있었다.[2]

그 때문에 잡지의 재조일본인들—즉, 잡지의 편집 주체인 일본여행

---

1 《観光朝鮮》, 1939·6, p. 3.
2 《観光朝鮮》, 1940·3, p. 3.

▐《観光東亜》제6권 10호(1939 · 10) 만주여행특집　　▐《관광조선》창간호 표지

협회 조선지부 직원, 기자, 조선 거주 예술가, 작가 등—은 자신들이 있는 조선이라는 공간을 좀 더 특화시키고자 했다. 이들은 기존의 조선 관련 여행잡지가 '개인의 분화된 취미'를 제대로 반영하지 못한다는 한계점에 착목했다. 즉, 한 기관에서 발행된 잡지가 관광, 교통정책, 기행과 안내, 경험, 교류, 교통 사정, 관광지 정보 등 여행에 관한 모든 것을 취급하는 것이 점차 곤란하다는 점을 반영하여 취향을 중시하는 잡지로 특별하게 만들고자 했던 것이다.

　이에 대한 실천으로 《관광조선》은 조선의 문화유적보다는 조선에 사는 '현대인'에 포커스를 맞추어 이들의 삶을 소개함으로써, 조선이 이런 특별한 사람들이 숨 쉬는 실제적 공간이라는 점을 강조하였다. 이를 위해 현실성과 생활성이 반영된 내용을 소개의 중심에 두고, 일본인 독자에게 '조선의 일상'을 최대한 이해 가능, 접근 가능한 것으로 제시했다. 따라서 《관광조선》에서의 조선은 세련된 문화도시가 대표하고 있으며 현대적이고 매력적인 인간이 존재하는 곳으로 그려졌다. 그리고 조선의 전통문화에 특별한 의미를 부여하며 전시하였다. 이를 통해 식민 통치 이전부터 다양한 매체를 통해 각인된 조선인의 이미지에 균열을 내고, 재조일본인이 사는 조선이 매력적인 장소라는 점을 부각시켰는데 거기에는 '조선 여성'과 '도시 경성'이 큰 역할을 담당하였다.

여성을 앞세운 《관광조선》의 전략

앞서 언급했듯이 《관광조선》은 세련되고 아름다운 조선 여성 회화가 표지 전면을 장식하고 있다. 전쟁 집중기에 접어들기 전까지 이 잡지의 표지는 당시 조선의 젊고 유망한 서양화가 김인승이 담당했다. 김인승 회화의 여성들은 이목구비가 뚜렷한 서양적 용모에 조선의 전통의상을 착용하고 있으며, 무표정으로 품격 있고 고상한 자태를 취하고 있다. 독자와의 첫 만남인 표지에서부터 이러한 도도하고 기품 있는 조선 여인이 독자를 반기고 있다.

　김인승이 영향을 받던 당시 일본의 예술계는 일본이 근대국가로서 서양의 여러 나라와 대등한 관계로 존재해야 한다는 의식이 강했다. 김인승의 조선 여인도 서구인과 같은 이국적 분위기를 담고 있는데 이는 1930년대 일본 회화의 급격한 도시화, 국제화 현상 속에서 전통의 모더나이즈, 모더니즘의 일본화가 상호 중층적으로 작용하여 전개된 종합적 상황을 반영하고 있다. 일제강점기라는 특수 상황에서 당시 미술의 주류가 참여했던 조선전람회는 이런 취향들이 아카데미즘으로 형성되었다. 김인승은 이러한 미술계의 시대적 특징을 적절하게 반영하여 《관광조선》을 통해 조선 여성의 이상적인 모습을 그려 냈다. 관광잡지를 매개로 한 차원 높은 문화의 장에 손쉽게 다가갈 수 있도록 일본 대중을 초대한 것이다.

이 잡지는 여행잡지이므로 독자가 직접 여행에 '참여'함으로써 그 진정한 목적이 달성된다. 그러나 전시 상황이 본격화되면서 많은 대중독자가 여행에 실제로 참여하기 어려웠다. 따라서 일본여행협회 출장소에 비치된 잡지는 간접적으로나마 조선에 대한 이미지 형성의 매개가 되었고, 이러한 이유에서 잡지는 전략적 태도를 취하지 않을 수 없었다.

과거 일본인 여행자의 글에 종종 노동력 낭비로 묘사되던 '빨래하는 조선 여성'의 풍경은 《관광조선》에서는 '반도의 명물'로 표현되고, 세련되고 멋진 도시 여성에 대한 기사로 잡지 내용이 채워진다.

경성의 아가씨들이 자랑하는 아라무드한〔최신 유행의〕 자태는 어떤 이는 유럽풍으로, 어떤 이는 도쿄풍으로, 신착 스타일북 속에서 과감하고 시원스럽게 빠져나온 듯하다. 그런데 요즘 총명한 이 반도의 아가씨들은 그대로 계절이 끝나갈 때까지 기다릴 정도로 감각이 무디

오노 사세오, 〈빨래하는 조선 여성〉,
《관광조선》I-3

지 않다. 그녀들은 얼마 지나지 않아 이러한 유행을 소화하여 반도적
인 것을 가미하고 그녀들이 가진 미학으로 연마하여 이 도시의 근대
적 감각에 하나의 색채를 더한다. 그렇기에 경성이 반도에 있어서 유
행의 소화기관으로서의 기능을 불완전하지만 발휘하고 있는 것이다.
이러한 거리에 등장하는 경성 아가씨는 반도형, 빠리지엔형, 대륙형
등이 섞여 잡종적인 성격을 띠고 있어 입이 거친 거리의 남자들에게
'공개된 모델의 시가지이다'라고 평가된다.[3]

3 《観光朝鮮》, 1940 · 9, p. 68.

■ 오노 사세오, 〈조선술상과 아름다운 기생〉, 《관광조선》 I-3

■ 오노 사세오, 〈그림을 그리는 기생〉, 《관광조선》 I-3

여기에서 조선 여성을 표상하는 단어는 '세련', '그녀들만의 미학', '근대적', '감각적'이다. 경성의 아가씨들은 일본을 비롯하여 유럽의 유행까지도 그들만의 특유한 감각을 발휘하여 최신 유행으로 세련되게 구현해 낸다는 점이 부각된다. 기생에 대해서도 다양한 미적 가치를 설명한다.

기생의 절반은 소학교 출신, 고등여학교 출신, 여자전문학교 출신도 상당히 있어 헤르만 헤세나 앙드레 지드 같은 것을 애독하는 인텔리 기생도 있고, 하이힐에 짧은 치마를 입고 다니는 모더나이즈한 현대적인 미인도 있는 것은 유쾌한 현상이다. (중략) 연회가 시작되면 기생들은 손님 옆에 딱 달라붙어 앉는다. 테이블에 있는 다양한 요리를 공손하게 하나하나 덜어서 접시에 담는다. 손님이 원하면 입에도 넣어 준다. 한 잔씩 술을 마시는 동안 그 눈에서 사랑을 느끼고 흥은

깊어 간다. 게다가 온돌의 따뜻함 때문에 춘소일각 천금春宵一刻 千金
의 가치를 느낀다.[4]

어쨌든 의상도 아름답지만 균형 잡힌 아름다운 기생의 몸은 내지
의 게이샤보다 훨씬 예쁘다고 할 수 있다. 자태의 균형, 복장의 아름
다움, 친절한 말씨, 맑고 아름다운 눈과 희고 고운 이, 게다가 가녀리
고 나긋나긋한 허리, 아름다운 손가락, 하얀 생선과 같은 손 등.[5]

기생에 대한 표현에서 강조되는 것은 그녀들의 '고학력', '교양', '세련
됨', '청초함', '균형'이다. 더불어 잡지에서는 조선 기생들이 일본 게이샤
와 비교하여 우위에 있다고 언급한다. 경성 아가씨들이 감각적 유행을
이끌어 내는 존재들이라면, 기생들은 뭇 남성들을 환상의 세계로 끌어
들이는 여신 같은 이미지로 포장된다. 그 외에도 조선의 무용가, 가수
와 같은 대중문화를 리드하는 여성들의 활약상을 기술함으로써 세련되
고 아름다운 '조선'을 연출한다. 조선 여성이 잡지에서 차지하는 분량과
역할은 특히 시각적 부분(사진, 일러스트, 만화)에서 두드러진다.

---

4 《観光朝鮮》, 1940·9, p. 77.

5 《観光朝鮮》, 1940·9, p. 76.

'경성인'의 공간으로서 경성

한편 《관광조선》에서는 '도시적 매력을 지닌 경성'이 강조되어 있다. 경성은 과거부터 여행안내서에서 가장 강조되는 지역 중 하나였다. 경성에 관한 안내서는 이미 아오야기 쓰나타로青柳南冥의 《신선경성안내新撰京城案內》(京城朝鮮研究會發行, 1913), 경성협찬회京城協贊會(1915) 발행의 《경성안내京城案內》, 같은 해 이시하라 도메키치石原留吉의 《경성안내京城案內》(京城協贊會) 등이 출판되어 있었다. 이러한 안내서에는 경성의 지리적 위치부터 제국의 주체가 건설해 놓은 건물을 중심으로 한 관광지, 명승구적名勝舊蹟, 교육·행정·산업·풍습과 관련한 일반적인 기술, 위생 관련 사항과 숙박 관련 내용 등이 실려 있다.

1919년 철도원에서 공식적으로 발행한 《조선·만주·지나 안내》는 명확한 지도와 철도 여행 가능 지역을 자세히 소개하며 조선이 일본 영토임을 알리는 것에 목표를 두고 있다. 여기에서도 경성에 대한 묘사는 위치와 지명 그리고 관광 명소를 객관적으로 설명하는 형태이다.[6] 그 때문에 조선인에 대한 현장감 있는 표현은 극히 드물다. 조선인을 상징하는 단어도 노동력의 상징인 지게, 게으른 양반, 곰방대를 문 노인 정도이다.

이후의 일본여행협회안내소 및 유명한 서점에 비치되었던 경성부교육회京城府教育會(1926) 발행 편찬의 《포켓경성안내ポケット京城案內》나 조

---

6   鉄道院 編, 《朝鮮満州支那案內》, 鉄道院, 1919, pp. 36~43.

선총독부철도국朝鮮総督府鉄道局(1934)에서 발행한 《조선여행안내기朝鮮旅行案内記》의 경성 소개에서도 생동감 있는 조선인의 모습은 전달되지 못했다. 이러한 여행안내서에서 보이는 경성은 과거와 현대의 모습으로 구분되어 과거는 문화유산을 중심으로 정지된 시간 속에 묶여 폐허가 되어 가는 상황이 묘사되고, 현대는 일본에 의해 개발이 이루어져 가는 과정 중심으로 소개되었다. 즉, 조선 역사의 사멸 흔적과 현재 식민지 건설의 혁혁한 현장을 대조하는 형태이다.

그러나 《관광조선》의 경성 묘사는 상업지역, 공업지역, 기타 주택지역 등으로 세분화되어 어떤 사람들이 모여 사는 공간인가에 의미를 부여하는 경향이 강해졌다. 경성의 주요 공간에서 과거 조선의 특성을 지우고 세련되고 활기찬 조선 거리를 담아 가며 경성의 이미지를 새롭게 했다.[7] '도시 경성'은 일본인 그리고 그들과 비슷한 꼴을 만들어 가려는 조선인들(유사 일본인)이 활보하는 관광지로 재구성되었다.

《관광조선》 편집부는 '경성특집호'를 통해 당시 경성의 분위기를 생생하게 전달하고 있다. 이 호를 구성하는 중추 인물들은 경성에 거주하는 저널리스트 중 제1선에서 활약하는 사람들이었다. 이 특집에서는 경성에 대해 "이 정도로 스마트한 근대 거리는 없다"[8]고 하며 경성에서 사

---

7 경성의 중심부는 총독부, 경성제국대학, 경성역, 조선신궁의 네 지점을 연결한 직사각형 안에 들어가 있고 그 중심부에 경성부청 건물이 위치하고 있었다. 이런 건물들은 일본의 공적인 통치의 상징이자 '경성은 일본의 도시'라는 것을 드러내는 랜드마크 역할을 하고 있었다(하야시 히로시게, 《미나카이백화점》, 135쪽). 이 직사각형 안의 거리에는 일본인 문화나 라이프 스타일을 구체적으로 표현하고 판매하는 상점가가 늘어서 있었다.

8 《観光朝鮮》, 1940·9, p. 37.

람들이 가장 많이 모이는 장소를 조명하고 경성 사람들의 생생한 모습을 전한다. 그리고 경성의 매력은 품격 있는 삶을 영위할 수 있다는 것과 이 도시가 지니는 경제·문화·정치의 집약성과 문화의 우수성이라고 강조한다.

경성은 총독부를 비롯해 모든 관청의 주요부가 집중되어 있으며 군사시설 중핵도 여기에 있다. 그리고 대학 전문학교 수가 가장 많고 각 분야 지식계급과 학생이 충만하며 소비도시로서 경성의 백화점은 내지와 비교해도 손색이 없고 고급 상품이 진열되어 있다.[9]

반도의 중추 '경성' 특집! 국제 간선을 따라 동서 요충의 명도 '경성'에 대해 본 호에서는 역사적 문화적 성격과 생태를 유감없이 탐구하고 있다. (중략) 아, 〈즐거운 경성〉이야말로 저널리스트 중에 제1선에서 활약하는 13명이 등장하여 신선하고 다채롭게 구성되었다. 이들의 육감六感적인 고찰은 경성의 관리, 교수, 예술, 홍등산업, 사모님, 아가씨, 어린이, 외국인을 날카롭게 분석하고 경성의 스포츠, 카페와 찻집, 음식, 기생을 주제로 하여 도시 생태의 멋진 정경을 보고한다. 전체적인 문화를 참으로 예리하고 세밀하게 묘사하여, 이는 현란하게 그린 그림과 같다. 또 본지가 항상 자랑으로 여기는 사진의 페이지—거기에 전시한 '경성'이야말로 실로 '오늘날의 경성'이고 '살아 있

---

9 《観光朝鮮》, 1940·9, p. 40.

는 경성'이다. (중략) 경성! 반도 시정 30주년의 태양 속에 그 거리는 눈부시게 펼쳐져 있다.[10]

이러한 공간에 대한 재구성은 조선에 존재하는 사람들을 새로이 조명하는 형태로 이루어졌다. 지금까지의 여행안내서에 보이던 파노라마식 풍경과 인물 묘사에서 벗어나 개개인의 활동과 모습을 현장감 있게 표현하는 식으로 바뀐 것이다. 잡지에서 보여 주는 경성의 관리, 교수, 사모님, 아가씨, 어린이, 외국인 묘사는 손에 잡힐 듯 생생하고 활기차다 (부록 총목차의《관광조선》II-5 참고).

그 외에도 경성에서 깔끔한 맛의 조선 요리를 맛볼 수 있는 음식점과 일본 현지와 비슷한 맛을 느낄 수 있는 음식점들을 소개하며 관광에 먹는 즐거움이 있음을 강조한다. 또 경성의 스포츠를 소개하는 난에서는 야구 경기 장면이나 여학생들의 농구 사진이 게재된다. 이 코너의 기자는 대화체의 문장을 사용하여 현장에서 직접 목격한 생생한 감상을 기술한다. 그리고 유도나 검도 도장을 방문하여 경성에 검도와 유도가 들어오게 된 역사와 계기 등을 인터뷰 형식으로 전달하며 독자를 잡지의 세계로 유도하고 있다.[11]

한편《관광조선》에는 조선의 연예계 소식을 포함하여 경성에서 유명해진 일본인 소개도 함께 실렸다. 예를 들어 요코미쓰 리이치橫光利

---

10 《観光朝鮮》, 1940·9, p. 106.
11 《観光朝鮮》, 1940·9, p. 81.

―의 제2의 고향이 조선이라는 내용, 경성제국대학 총장 시노다篠田의 딸, 〈멸망의 문滅亡の門〉, 〈백은의 강白銀の川〉의 저자인 가와가미 기쿠코川上喜久子, 당시 《신조新潮》의 편집주임인 나라사키 쓰토무楢崎勤와 일본 화가인 그의 형 나라사키 뎃코楢崎鐵香와 같은 예술가에 대한 소개가 있다. 그리고 조선주둔군 부속 치과의사, 후지타 쓰구하루藤田嗣治 화백과 조선총독부병원 초대원장인 그의 아버지 등 재조일본인들의 활약상을 전달하며 이들을 '경성인'이라고 부르고 있다.[12]

예술가, 문학자, 의사, 잡지나 신문편찬자 등 문화를 주도하는 일본인들을 '경성인'이라고 일컫는 것이다. 즉, '경성인'은 일본과 조선이 만나 새롭게 형성된 세련된 문화인의 한 형태이다. 그 구성원은 대부분 일본인을 가리키고 정세를 이용하여 부를 축적한 조선인이나 도시지역 거리를 활보하는 조선 여성[13]이라는 한정된 범위에서 언급된다. '경성인'은 세련되고 생기 있고 빠르게 변화하는 시대에 적응한 새로운 인종이었다.

이처럼 《관광조선》의 필진들은 '조선'과 '조선인'에 대해 새로운 의미 부여를 시도하여 조선을 동정과 보호의 대상물이 아닌 문화를 누릴 수

---

12 《観光朝鮮》, 1940·9, p. 92.

13 이렇게 거리를 활보하는 사람들의 대부분은 모보, 모던걸이라고 불리는 직업이 없는 부르주아, 카페 여급, 기생, 학생 등의 중산층 젊은이들이었다. 이들은 카페, 다방, 극장, 연주회장, 예배당, 공회당 등을 누비고 다니며 경성에 활기를 불어넣었다. 첨단 패션과 눈에 띄는 행동으로 볼거리를 제공했지만 스캔들의 주인공으로 비난받고 관음되는 존재이기도 했다.(마정미, 《광고로 읽는 한국사회문화사》, 개마고원, 2005, 96쪽)

있는 공간으로서 재배치하려고 했다.[14]

* * *

《관광조선》은 전폭적으로 '사람'을 묘사하고 이들의 생생한 목소리를 전달하는 것에 구성의 초점을 맞추었다. 여태까지 조선에 대해 강조했던 것이 대륙 진출의 교두보라는 지리적 중요성이었다면, 이제는 그곳에 거주하는 사람들로 관심사를 옮겨야 한다는 필요성이 절실해진 것이다. 재조일본인이 열도일본인에게 발신하는 메시지는 '조선은 일본과 다르지 않다'는 것이었다. 나아가 '조선은 새롭고 즐거운 곳'임을 강조하며 오히려 '일본을 능가하는 고급스러운 문화적 공간'으로 전시했다. 그 저변에 있는 실체는 허무하지만, 화려하게 각색된 조선 여성과 유명 일본인이 도시 경성에 배치되어 있다. 경성이 만들어 낸 새로운 인종인 '경성인'이라 불리는 문화인이 떠돌고 있었던 것이다.

---

14 당시 조선인들의 실상을 반영하지 않는 일본의 정책은, 경성의 구 중소상인 몰락, 범죄율 증가, 소시민 토지 상실, 인구의 도시 집중화, 이에 따른 실업자 수의 증가를 낳았다는 이면이 존재(최혜실, 〈1930년대 도시소설의 소설 공간〉, 《현대소설연구》(5), 조선현대소설학회, 1996, 21쪽)하지만 이런 그림자는 잡지에 보이지 않는다.

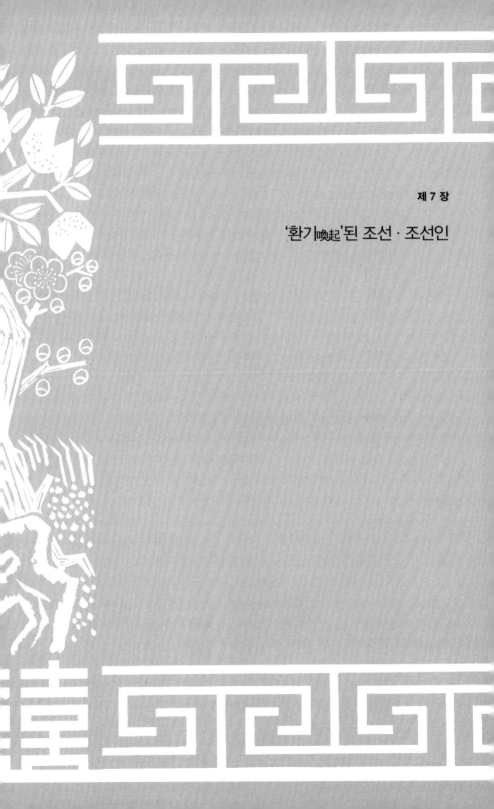

제 7 장

'환기|喚起'된 조선 · 조선인

■ 오노 사세오, 《문화조선》 III-5 속표지

《관광조선》에는 일본제국에 의해 설정된 사회적, 법적, 경제적 규범 안에서 반도의 문화적 요소들을 열도일본과 다름없이 충분히 누릴 수 있는 공간으로서 조선이 전시되어 있다. 그 때문에 일본인이 생활하는 공간, 도시와 같은 모던한 장소를 중심으로 관광지와 상품이 소개되었다. 재조일본인은 조선 문화를 운용하는 주체가 되어 관찰자이자 해석자의 위치를 점했다. 이는 국가와 사회의 방침이기도 했으나 개인적으로도 다수를 차지하는 조선인들의 실제적 문화에 함몰되지 않고 자신들만의 문화를 주류적 입장에서 고수하기 위함이었다. 따라서 조선인의 전통 문화 기반의 삶은 '이질적인 것'으로 취급하였고, 이러한 삶을 영위하는 조선인을 '외국인'[1] 취급하면서 피식민지인의 삶의 역사적 조건을 왜곡했다.

여기에서는 《관광조선》에 담긴 '개인의 욕망'이 빚어내는 '조선(≒일본)'과 '조선인(≒외국인)'에 주목하여 이화異化된 조선(인)에 대해 살펴본다.

유사類似일본인에 대한 두려움

1930년대 말 당시 조선 도심의 거리는 서로 이야기를 나누지 않는 한

---

1 기욤 르 블랑은 "외국인이 된다는 것은 아무 곳에도 존재하지 않는 것이며, 일정한 거처 없이 머무는 것이다. 외국인의 정체성은 국가에 대한 소속과 참여의 결핍에서 산출된 거의 지각되지 않는 일종의 중간 지대, 즉 이차적인 영역의 정체성만 가질" 뿐이라고 언급하고 있다.(기욤 르 블랑, 《안과 밖》, 박영옥 옮김, 글항아리, 2014, 47쪽)

상대가 조선인인지 일본인인지 알기 어려울 정도로 '문화의 혼재'가 있었다. 당시 조선에는 일본의 최신 대중문화를 선도하는 조선인 그룹이 존재했다. 일본 유학을 마치고 조선으로 돌아온 사람들, 일본을 통해 서양 문화를 접하게 된 신지식인들이었다.[2] 이들에 의해 모던한 문화가 일종의 유행처럼 조선에 퍼지면서 많은 대중에게 영향을 미치는 결과를 낳았다. 바야흐로 경성을 중심으로 한 도시생활자들에게 일본의 모던한 문화가 일상생활의 문화 현상으로 느껴지게 된 것이다.[3]

이와 같은 일본 문화의 급속한 유입, 일본 문화로 스스로를 포장한 조선인의 증가는 문화적 우위를 점하고 있던 조선 내 일본인들을 위협할 정도였다. 이러한 현상은 조선의 '도시'나 '유명한 관광지'에서 일어나기 쉬웠다.[4] 이처럼 피식민자가 약간 과도하게 보일 정도로 식민자를 모방하는 현상은 일본인의 식민자로서의 우월성 이데올로기를 잠식해 갔다.

한편 조선에 사는 일본인들은 점차 열도일본인들과 다른 삶에 익숙해져 갔다. 일본과는 다른 기후 조건, 이동 범위, 생활공간에 더 익숙하고 안정을 느끼며 살아가게 된 것이다. 또한 조선인과 빈번하게 접촉하고 조선에 거주하며 보고 들은 문화를 차용하면서 언어나 생활 면에서 '문화 적

2　마정미, 《광고로 읽는 한국사회문화사》, 96쪽.

3　白惠俊, 〈1930年代植民地都市京城の「モダン」文化〉, 《文京学院大学外国語学部文京学院短期大学紀要》, 文京学院大学総合研究所, 2006, p. 335.

4　이런 현상의 반복으로 인해 닮음과 위협이라는 체계 속으로 들어간 식민지 주체의 자기동일성의 권위는 약화되어 갔다.(데이비드 허다트, 《호미바바의 탈식민적 정체성》, 조만성 옮김, 앨피, 2011, 139쪽)

웅' 현상이 나타났다. 생활 속에서 일본어와 한국어를 섞어 쓰거나 재조일
본인을 가리키는 신조어가 생기는 등의 현상이 나타났다.《관광조선》에
는 '경성인'이나 '평양인'이라는 용어가 나온다. 이는 조선의 도시에서 유
명해진 사람들—주로 일본인과 도시의 조선인들—을 가리키는 말로, 일
본과 조선이 만나 새롭게 형성된 문화인을 일컫는 말이었다.

이와 같이 일제강점기 말기 일본인의 경계가 모호해지는 현상이 나
타나는 가운데,《관광조선》의 편집자들은 일본적 시류를 가장 잘 반영
하는 요소들을 잡지 내부로 끌어들여 자신들의 현재성과 조선 대중문
화에 대한 우위를 드러내야만 했다. 즉,《관광조선》은 제국주의 실현
도구라는 목적을 충실하게 반영하는 가운데, 다른 한편으로 재조일본
인들의 일본열도를 향한 적극적 자발적 동화, 그리고 조선 문화를 자신
들의 그것과 구별함으로써 스스로를 특수화하려는 욕망을 담았다.

이에《관광조선》에는 동 시기 일본에서 발행되던 화려하고 재미있으
며, 예술성이 강조된 잡지 구성 형식이 차용되었다.특히《모던일본》과
상당한 유사성이 발견된다.《관광조선》의 편집후기에 다음과 같은 글
이 있다.

본지의 체재體裁, 편집 방식이 상당히 유형적이고 독자적인 색채가
부족한 것은 '우여곡절 끝에' 만들어지게 된 창간호에서는 어쩔 수 없
는 것이었다.[5]

---

5 《観光朝鮮》, 1939·6, p. 88.

이상과 같이 잡지의 구성과 체재가 기존 일본에서 발행된 잡지들과 별반 다르지 않음을 의식적으로 드러내고 있다. 이는 변명이기보다는 일본 대중문화를 일본에서 유통되는 방식 '그대로' '시차 없이' 이식했다는 다른 표현이기도 하다. 《관광조선》은 열도일본의 대중문화 접근법을 여과 없이 받아들임으로써 열도와 위화감 없이 소통하기 위한 편집자들의 욕망의 산물이었다. 반도의 일본인들은 조선이 모던화·일본화되어 가는 현상을 소개하고 기술하는 주체의 역할을 선점해야만 했다. 일본문화를 직접 경험한 젊은 조선인 문화적 리더보다 더 빨리 그리고 더 일본의 대중 미디어답게 만들어 내야 한다는 부담감을 일본 대중잡지의 유형적 양산이라는 방법으로 해소하려 했던 것이다.

이러한 재조일본인의 욕망이 부가되어 출간된 《관광조선》은, 조선에서는 백화점 내의 일본여행협회 조선지부 안내소에, 일본에서는 백화점뿐만 아니라 각 지역의 기차역, 정류장, 호텔, 유명한 상점 등 사람이 많이 모이는 장소에 비치되었다. 이 잡지는 조선 여성에 초점을 둔 회화를 '소비'의 중심에 두며 연약함, 관능미, 신비로움, 침해와 욕망을 일으키는 처녀성 등의 메타포를 통해 '조선 관광'의 이미지를 심어 갔다. 《관광조선》의 편집장인 미네 간이치嶺乾一가 쓴 이 잡지에 대한 자랑을 보면 다음과 같다.

아트 그래프〔예술적 시각자료〕의 호화로움에 주목하라―거기에는 젊은 조선이 얼굴을 내밀고 밝게 뻗어나는 힘을 자랑하며 당신에게 사랑받기를 원하고 있다. 오타카尾高 교수의 〈여행 인간학旅の人間学〉이 우리들에게 철학을 깨닫게 하고 아키다 우자쿠秋田雨雀 씨의 〈춘향전 여행과 경성春香傳の旅と京城〉이 당시 맑고 청아하게 산 춘향을 떠올리게 하며 유아사 가쓰에 씨의 〈경성녀 삼제京城女三題〉가 오늘날의 춘향과 친밀하게 만날 수 있게 한다.[6]

미네는 '젊은 조선'의 이미지를 통해 열도일본인들의 반도에 대한 관심을 촉구하고 있다. 여기에서 조선은 '구애하는 여성'이자 여행자들의 '소비'의 대상이다.

인용에서도 보이듯이 《관광조선》에서는 조선 여성에 대한 환상을 불어넣는 매개로 종종 〈춘향전〉이 언급되었다. 이 소설은 연극 무대에 올려지거나 영화로 제작되어 일본인에게 인기를 끌고 있었다. 오늘날 한류 붐을 타고 한국 드라마 속 주인공과 상황을 연상케 하는 여행지를 찾는 것과 마찬가지로 《관광조선》에서도 〈춘향전〉의 배경이 된 지역을 중심으로 한 '춘향전 투어'가 소개되었다. '춘향'은 관능미를 지닌 신비로운 존재, 침해의 욕망을 불러일으키는 조선 여성의 상징으로 드러난다.

독자가 일단 이러한 매개를 통과하고 난 후 잡지 내부로 들어서면 바로 조선늑일본에 대한 내용을 접할 수 있다. 여행지로서의 조선, 혹은 조선이라는 지역에서의 삶은 바로 일본인의 열도 여행이나 삶과 다르지 않은, 혹은 그것을 능가하는 것으로 그려진다.

---

6 《観光朝鮮》, 1939·10, p. 90.

조선≒일본으로의 환기

앞서 언급했듯이 《관광조선》의 소설란을 보면 조선에서 생활하는 일본인들의 열도일본에 대한 심경을 잘 알 수 있다. 이들은 열도일본에 대해 "고향이라는 개념을 초월한 무한한 동경심"[7]을 가졌다. 그리고 조선에서 출생하거나 자란 일본인이 일본에 가게 되면 종종 듣는 '고향이 조선인가요?'라는 질문은 그들의 기분을 몹시 상하게 했다.[8]

이처럼 재조일본인은 자신들이 열도일본인과 다르지 않다고 의식하고 싶어 했다. 그러나 열도일본을 '동경'하거나 자신에게 더 친숙한 조선을 '거부'하는 그들의 모습은 스스로 열도일본인과 다르다는 것을 의식하고 있다는 것, 그리고 열도일본인들에게 소외의 대상임을 자각하고 있었음을 반증한다.

다음은 열도일본인의 조선에 대한 관심 부족의 문제점을 다룬 내용이다.

한 번쯤은 조선에 가 보고 싶다고 생각하는 사람이 많을 텐데 조선을 외국처럼 느끼는 사람이 있다는 것은 참 안타까운 일이다. 그래서 조선 여행에 대한 간단한 안내를 하고자 한다. (중략) 〈쓰바메〉를 타고 도쿄에서 오사카로 8시간 이동하는 것에는 큰 부담을 느끼지 않

---

7 《観光朝鮮》, 1940·3, p. 22.

8 《観光朝鮮》, 1940·5, p. 24.

는 사람들이 호화 여객선으로 7시간 반이면 시모노세키에서 부산으로 가는 여행은 어려워한다. 결국은 멀고 가까운 느낌은 거리의 문제가 아니라 여행지에 대한 정보 부족으로 생기는 것이다.[9]

편집부는 더 많은 열도일본인들에게 조선이 '외국'이 아니라 일본의 여느 지역과 마찬가지로 여행할 수 있는 곳이라는 인식을 심어 주어야 했다. 열도일본인이 조선을 외국으로 인식하게 되면 조선에 살고 있는 자신들마저 외국인 취급을 할 것이라는 불안이 잠재해 있었던 것이다. 이들은 조선에서 '주인집단'[10]이라는 것을 강조함으로써 스스로의 위치를 설명한다. 일본제국이 구비해 놓은 법이나 제도 속에서 조선 여행을 안전하게 할 수 있다는 사실을 과장하여 기술하는 것이다. 조선의 치안과 교통시설에 대해 '안전', '편리함', '빠름', '가까움' 등의 단어로 제국이 건설한 식민지가 일본과 다를 바 없는 장소임을 강조한다. 조선≒일본이라는 공간적 동질성을 열도일본인에게 각인시키는 작업은 조선에서 재조일본인의 존재적 문제와 직결된 것이었다.

　'조선을 홀로 걸어도 안전한가?'라는 열도일본인의 물음에 '이 무슨 황당한 질문인가'라며, 일본제국이 매년 6억 엔의 예산을 투자하여 정비하고 있고 조선 각지에 60만 명 이상의 일본인이 행복하게 살고 있다고 설명한다. 그리고 '조선 여행에 불안을 느낀다면 제국에 대한 불

9　《観光朝鮮》, 1939·6, p. 76.
10　기욤 르 블랑, 《안과 밖》, 31쪽.

안을 느끼는 것과 같다'며, 일본이 건설한 철도와 도로를 보면 놀랄 것이라고도 부연한다. 또한 여객기는 후쿠오카에서 대구, 경성, 평양, 신의주까지 연결되어 있고 만주까지도 갈 수 있으며, 급행 항공편은 도쿄에서 경성까지 5시간 55분이면 갈 수 있다며 일본열도 여행과 다르지 않음을 강조한다.[11]

편집부는 덧붙여 "도시에서는 일본어를 사용하지 않는 반도 동포가 없을 정도이고 시골에 가면 '1面 1校 정책'"[12]을 펴고 있다며 지나가는 초등학생을 붙잡고 이야기하면 다 말이 통할 것이라고 일본어 교육의 보편화를 강조한다. 또한 음식이나 숙박은 어디를 가든지 일본인이 경영하는 곳을 찾을 수 있고 음식의 종류도 오히려 일본보다 더 다양하다며,[13] 결코 조선은 '외국'이 아니라는 것에 대해 법과 제도를 앞세워 설명하고 있다.

이러한 조선≒일본 묘사는 개인의 여행기에서도 드러난다. 예를 들어 배우 나라 신요奈良真養는 40일 간의 조선 여행담에서 "조선 도처에 조선색이 농후한 풍경을 볼 것이라는 기대"가 완전히 무너졌다며 "배신을 당한 기분"이었다고 기술한다.[14] 유명 배우를 통해 소개되는 조선은 실망스

---

11 《観光朝鮮》, 1939·6, p. 76-77

12 《観光朝鮮》, 1939·6, p. 77.

13 일본에서 조선으로 가는 경로에 대해 구체적으로 소개한다. 조선으로 가는 표를 사려면 일본 각지에 설치된 역이나 여행협회 사무소를 방문하면 좋은데 할인권을 구입하면 유리하고 종류는 일본과 조선 왕복권(20퍼센트 할인, 2개월간 통용), 일본·조선·만주 왕복권(경로가 15가지 종류, 10~20퍼센트 할인)이 있으며 좌석 등급에 따라 기차 요금이나 경성 시내 택시 요금 등이 다르다고 소개한다.(《観光朝鮮》, 1939·6, p. 78)

14 《観光朝鮮》, 1939·6, p. 22.

러울 정도로 열도일본과 다름없는 장소였다. 재조일본인들이 존재하는 공간은 열도일본인이 이질감이나 위화감을 느끼지 않아도 되는 장소임을 대변하는 것이다. 이렇게 열도일본과 '다르지 않다'는 인식을 생성하기 위해 《관광조선》 편집부는 일본과 같은 법과 제도의 정비, 자유로운 일본어 사용, 일본의 모던한 대중문화의 여과 없는 유입, 일본과 비슷한 속도의 문화 발전, 지리적 근접성 및 교통수단 이용의 용이함 등을 내세웠다.

'자기 찾기'를 위한 방법으로서 조선인≒외국인

재조일본인들은 자신들이 사는 조선이 열도일본인들에게 '외국'처럼 취급받지 않도록 하기 위해, 자신들과 비슷한 생활 모습을 취하지 않는 (혹은 취할 수 없는) 사람들을 '외국인' 취급하는 형태로 스스로의 정체성을 확인해 갔다. 즉, 일본 문화의 세례를 받지 못한 도시 변두리나 농촌의 조선인들과 조선의 민속문화는 '특이'하고 '특별'한 것으로 표상된다. 《관광조선》 편집부는 김소운金素雲, 송석하宋錫夏, 아키바 다카시秋葉隆, 임석재任晳宰, 이마무라 도모今村鞆 등과 같은 학자를 동원하여 조선 특유의 문화를 소개한다.

김소운의 〈조선민요 음미〉, 〈조선민속야화朝鮮民俗夜話〉는 조선의 민담이나 남부지방의 농요를 소개하는 내용이다. 그리고 송석하의 〈가면연극무도假面演劇舞踏〉에서는 조선의 민중예술에 대해 다음과 같이 표현한다.

얼핏 보기에는 전혀 가치 없는 것으로 여겨지기 쉽지만 조선의 오
랜 향토예술에는 간과할 수 없는 매력이 있다. (중략) 향토예술의 대
부분은 그 토지와 환경을 가장 적절하게 반영하고 그 지방의 민중과
깊이 관련된다는 특징을 가진다. 모든 숭고한 예술은 이것을 모태로
탄생한다.[15]

송석하는 같은 글에서 '조선인은 그로테스크한 가면'을 쓰고 공연을
한다며 양주 별산대놀이와 봉산탈춤 등의 형식과 내용을 소개하였다.
이러한 민속학자들의 글이 잡지에 실린 것을 통해 알 수 있듯이 《관
광조선》에서는 조선인의 전통문화를 '배제해야 할 것'으로 취급하지 않
는다. 오히려 민속문화 전문가들을 기용하여 그것의 가치를 설명하는
기술이 더 많다.
편집부는 "오랜 고유의 생활이 축적된 전통에는 반드시 그것만이 가
지는 독자적인 아름다움"[16]이 있다고 언급한다. 여기에서 말하는 독자
적 아름다움이란 조선왕조의 지배적 주류 문화에 억눌려 빛을 보지 못
했던 "생활이 축적되어 형성된 서민문화의 전통"[17]을 가리킨다. 이러한

---

15 《観光朝鮮》, 1939·10, p. 11.

16 《観光朝鮮》, 1939·6, p. 88.

17 《観光朝鮮》, 1939·6, p. 11.

な畦をなびかす農夫、水
せて悠々と歩いてくる白
のあぜ道は、しっとりと
昨夜の悲雨のめぐみにす

■ 오노 사세오, 제목 없음, 《관광조선》
1-3

'서민문화의 전통'이 결코 일본 문화에 흡수되기 어려운 고유한 성격을
지니고 있다는 점을 견지하면서, 일본과는 다른 조선 서민문화의 특이
한 점을 강조한다.

　《관광조선》 편집후기의 '원고 모집란'에서는 조선의 '생활문화'를 담
은 원고를 모집한다는 내용을 각 호마다 확인할 수 있다. 조선의 색다
른 풍경이나 사적, 유물, 풍속, 관습 등 일반인에게 알려지지 않은 내용
을 '의도적으로 발견'함으로써 일본과 다른 조선 서민들의 실제적 삶을
게시하고자 한다. 여기에서 요구하는 것은 일본화된 도시나 관광지에
서 보이는 사람들의 삶과는 다른 조선인의 삶이다. 자신들이 사는 공간

■ 도오다 가즈오, 〈조선의 전가〉, 《관광조선》 1-3   ■ 오노 사세오, 〈한가로운 마을 풍경〉, 《관광조선》 1-3

과 다른 공간에 있는 조선인들은 마치 외국을 방문하여 그들의 삶을 신
기하게 엿보는 형태로 전시하고자 했다. 이를 통해 조선인들과 다른 세
계에 사는 자신들의 모습을 확인하고 안도감을 느낀다.

　화가 도오다 가즈오遠田運雄의 〈조선의 전가田家〉에는 농가를 스케치
한 그림과 함께 조선의 시골에 대한 감상이 실려 있다. 그는 조선의 농
가에서 "외국인 취급異人扱い", "시대의 거리時代の距離", "단순하고 소박한
원시적인 생활原人生活"을 느꼈다고 고백한다. 조선 서민의 생활은 일본
에서는 느끼기 어려운 딴 세계에 온 것 같은 느낌을 가지게 하고, 이것
이 예술적 감상을 자극하는 요소라고 언급하고 있는 것이다.[18]

　식민 지배가 길어짐에 따라 일본화된 혹은 일본인을 능가할 정도로
근대화된 조선인들의 삶의 모습은 재조일본인들에게 두려움을 안겼다.

---

18 《観光朝鮮》, 1939·10, p. 13.

그들은 한반도는 일본의 땅이라고 확신하고 싶어 하면서도 조선인이 일본인이 되는 것은 결코 원하지 않았다. 그 때문에 자신들의 공간은 일본과 다르지 않되 변두리 지역 조선인의 삶과 그들이 고수하는 전통 문화는 일본인과 조선인이 다른 존재라는 것을 각인시키는 중요한 요소로 삼았다.

* * *

조선과 일본의 관계를 일시동인一視同仁, 내선일체內鮮一体라는 정책으로 묶어 조선인들을 제국주의 정책에 부합한 균질한 '국민'으로 만들어 가려는 국가적 외침과는 달리, 조선에 거주하는 일본인 개인은 조선인들에게 낯선 사람이기를 바랐다. 이들은 조선에서의 장기간 삶을 통해 조선과 일본은 '하나'가 될 수 없다는 현실을 절실하게 인식하고 있었는지도 모른다. 그 때문에 자신들이 사는 조선 도시지역과 조선의 서민대중의 삶을 전혀 다른 것으로 취급하였다. 일본적인 것이나 제도권과 거리가 먼 조선인들을 조명하며 한반도가 자신들의 것이라고 확인하고 싶었기 때문일 것이다. 이처럼 한반도가 일본인의 것이려면 조선인이 '외국인'이 되는 수밖에 없었다.

제 8 장

여행지로서 '평양'과 '평양인'

京蛛妓生

文英子

■ 가와카미 세쓰이川上拙以(1901~1976), 《문화조선》 III-6 속표지

일제강점기 열도일본의 대중이 갖고 있는 조선에 대한 인식은 가까이에서 접하는 조선인(즉, 열도에서 흔히 보였던 조선인 부랑자나 노동자)에 좌우되기 쉬웠다. 게다가 자기 고향을 떠나 어딘가로 이동하는 것에 부정적인 일본인들에게 조선이 '멀다'는 인식은 여전했다.

재조일본인들의 바람은 자신들이 사는 조선이라는 공간을 열도일본인들이 '새로운 조선'으로 인식하는 것이었다. 《관광조선》이 《문화조선》으로 잡지명을 바꾸면서 특집으로 다룬 도시는 바로 평양이었다. 조선에 대한 인식 개선의 시험장으로 평양이라는 관광지에 주목했던 것이다. 이 장에서는 평양 관련 여행안내서와 미디어를 통해, 과거의 '전장戰場'에서 '조선 최고의 낭만 도시'로 이미지 변신이 이루어지는 과정을 살펴본다.

여행안내서의 '평양'

철도국에서 발간된 《평양안내平壤案內》(朝鮮総督府鉄道局, 1928)는 평양이라는 관광지를 집중적으로 조명한 안내서이다. 평양에 대해 이보다 더 자세히 나온 안내서가 있을까 싶을 정도로 당시 평양을 구체적으로 소개하고 있다. 이 책에서는 평양을 경성 다음가는 도시로 조명하고, 평양에 대한 기본적인 정보에서 시작하여 교통의 측면에서도 세부적으로 구분하여 설명하고 있다. 나아가 평양 일대의 역사를 청일전쟁, 러일전쟁과 관련지어 일본 역사의 연장선상에서 취급하고 있다.[1] 또한 자동차, 인력거, 전차 이용 정보를 자세하게 다루며 철도국이 직접 경영하는 철도호텔 외 숙박업소 정보를 주소와 함께 실어 실제 여행에 도움을 주고 있다.

한편 이 안내서는 여행지에 대한 개괄적인 소개에서 벗어나 직접 평양을 방문할 수 있는 방법과 여행객 유인책을 사용하고 있다. 예를 들어, 조선 어디를 가더라도 맛보지 못할 기생의 아름다운 정취를 느낄 수 있을 것이라고 언급하거나, 일본 문학자가 거쳐 간 찻집을 소개하고 광고를 통해서도 여행자의 편의를 제공하고 있다.[2] 《평양소지平壤小誌》(平安南道, 1932)는 고조선부터 낙랑시대, 고구려, 고려, 조선시대까지의 역사와 관련 유물·유적을 세세하게 소개한다.[3] 그 외에도 여행안내서에서 주목하는 관광지는 '모란대'인데 이에 대한 소개는 〈표 4〉와 같다.

---

[1] 朝鮮總督府鐵道局, 《平壤案內》, 朝鮮総督府鉄道局, 1928, pp. 8-10.

[2] "조선, 만주 여행에 관해서는 옆에 기록된 곳으로 상담해 주시면 무료로 각종 편의를 제공해 드리겠습니다"라는 문구와 부산, 대전, 용산, 평양역 내의 '조선총독부 철도국 운수사무소'와 일본에서는 도쿄, 오사카, 시모노세키의 '선만안내소' 주소와 전화번호를 적어 놓고 있다.(朝鮮總督府鐵道局, 《平壤案內》, p. 43)

[3] 《평양소지》의 부록인 〈명소구적안내〉는 평안남도의 명소와 구적을 구역으로 구분하여 설명하고 있다. 여기에서 소개되는 관광지는 모란대 공원 주변(평양신사, 을밀대, 모란대, 고구려 성지, 현무문, 읍취각, 부벽루, 기자릉, 청류정, 칠성문, 영명사, 오마키의 찻집, 만수대, 도립공업시험소), 연광정 부근(대동문, 연광정, 기생학교), 박물관, 도서관, 중학교의 화석군, 단기공원, 선교리, 낙랑고적, 사통 및 비행대 등으로 구역에 따라 나누어져 있다.

〈표 4〉 여행안내서의 평양 소개

《朝鮮鉄道旅行案内》 (南満洲鉄道株式会社京城 管理局, 1915)	모란대: 시가의 동북쪽 금수산정에 있고 우뚝 솟아 성의 내외를 내려다보고 청일전쟁 때 청나라가 포진한 흔적이 아직도 있다. 서쪽의 높은 곳에는 을밀대가 있고 양 대의 안부鞍部는 현무문으로 시작하여 부벽루, 영명사가 아래로 펼쳐진다. 건너편 언덕 능라도는 평양 수원의 상원으로서 섬 위의 평연平衍은 마치 융단을 퍼놓은 것 같다.(pp.88~89)
《朝鮮満洲支那案内》 (鉄道院, 1919)	모란대(E1): 시가의 북쪽 금수산정에 위치한다. 예전에는 산상에 누각이 있었는데 지금은 폐허가 되어 흔적만 남아 있다. 청일전쟁 때 청군이 포병을 배치하고 전투에 주력하였으나 마침내는 우리 삭령朔寧 원산元山 양 지부대 때문에 함락된 곳이다. 산정의 풍광은 매우 아름답다.(p.77)
《朝鮮鉄道旅行便覧》 (朝鮮総督府, 1923)	모란대: 금수산상의 일각으로 을밀대와 마주보고 있다. 분록쿠의 난(임진왜란) 때 그들의 전쟁 투쟁지, 청일전쟁 때에는 청군의 포병의 진지였다. 원산지부가 이것을 탈취하여 적을 칠성문 방면으로 몰아붙인 것은 9월이었다.(p.172)
《平壌案内》 (朝鮮総督府鉄道局, 1928)	모란대: 칠성문을 바라보면서 오른쪽으로 우뚝 솟은 작은 언덕이 있다. 이 언덕도 청일전쟁 때 청군이 포열을 깔고 우리 원산 삭령지부대를 괴롭혔던 것으로 유명한 곳이다. 이 정상에는 지금도 당시의 포를 깔았던 폐허가 있고, 넓게 조망할 수 있는데 일반 유람객이 정상까지 오르는 일은 드물다.(p.17)

이 이후에도 《조선만주여행안내朝鮮満洲旅行案内》(鮮満案内所, 1932), 《조선여행안내기朝鮮旅行案内記》(朝鮮総督府鉄道局, 1934) 등에서 평양을 소개하고 있는데 이들 안내서도 마찬가지로 지도와 철도 중심으로 구성되어 있고 평양에 대한 기술은 한국과 일본의 역사적 관련성에 초점이 맞추어져 임진왜란과 청일전쟁의 전적지로서 의미를 부여하고 있다.

이와 같이 여행안내서에 소개되는 평양은 관광지로서보다는 일본 대륙 진출의 상징이 되는 유적지로서 그 가치가 강조되어 왔다. 따라서 여행안내서나 평양 관련 서적에서는 좀처럼 평양의 사람들에 대한 묘사를 찾아보기 어렵다. 당시 '조선 전문가'였던 기쿠치 겐조菊池謙譲[4]의 《조선

---

4 기쿠치 겐조(1870~1953)는 도쿄전문학교東京専門学校(현 와세다대학) 졸업 후 고향 사람인 도쿠토미 소호徳富蘇峰가 경영했던 민유샤民友社에 들어간다. 그리고 《국민신문國民新聞》의 특파기자로 한반도에 건너와 청일전쟁 종군기자로서 평양 공방전을 취

제국기朝鮮諸国記》에서 평양 주변 사람들에 대한 일본인의 인식을 확인할 수 있다.

평양을 중심으로 한 평안남북도는 자원이 풍부하기는 하지만 그곳의 조선인은 과격한 성정이 풍부하여, 완력을 가지고 싸우는 것에 뛰어나다.[5]

일본인들에게 평양이라는 도시는 배일운동가, 독립회복군 등의 활동 거점으로 인식되고 있었다.[6] 이 지역이 반일본적 인물들이 배출된 곳이라는 사실은 관광지로서 조선을 선전하는 데 큰 장애였다. 이토 히로부미를 암살한 안중근, 사이토 총독을 저격하려 했던 강우규 같은 서조선 출신의 조선인은 일본인들에게는 위화감을 조성하는 존재였던 것이다. 평양 사람들이 과격하고 배일감정이 높다는 이미지는 관광지로서 부정적인 결과를 안길 뿐만 아니라, 나아가 제국주의 정책 실현에 있어서도 저해 요소였다. 《관광조선》은 이러한 평양이 가진 관광지로서의 한계에서 벗어나기 위해 새로운 인물들을 배치한다.

재했다. 이후 '명성황후 살해사건'에 연루되어 일시적으로 한국에서 퇴출 명령을 받았으나 1895년부터 다시 《한성신보漢城新報》 창간에 참여했다. 이 신문을 한국총감부가 매수하여 《경성일보京城日報》가 되자 이것을 기피했던 기쿠치는 새로이 《대한일보大韓日報》를 발행하고 대구 지역 거류민 단장을 역임하는 등 한반도에 계속 거주했고 패전 후 귀환했다.

5 菊池謙讓, 《朝鮮諸国記》, 大陸通信社, 1925, p. 272.
6 菊池謙讓, 《朝鮮諸国記》, p. 277.

《문화조선》과 '평양인'

《관광조선》 3권 1호부터 잡지명이 《문화조선》으로 바뀌는데, 3권 1호는 '평양 특집'으로 구성하고 있다. 《문화조선》으로 개제한 후 첫 호에서 주목하여 소개하는 도시가 평양이라는 점은 의미심장하다. 편집부는 《문화조선》으로 잡지명을 변경한 이유를 다음과 같이 설명한다.

> 새해가 되어 우리는 〈관광조선〉을 〈문화조선〉으로 개제했다. 관광의 신체제를 마련하고자 함이다. 최근 신체제에 대한 목소리가 커진 가운데 관광이라는 말도 여러 차례 문제가 되었다. 재래의 것들을 모조리 구체제로 생각하는 것은 잘못된 신체제론이겠지만 견물유산見物遊山적인 관광은 확실히 구체제이다. 관광은 여행을 통해 자신이 몰랐던 문화에 접하여 인식을 새롭게 하고 생활의 건설과 발전을 희구하는 적극적인 행동이다. 즉, 모든 문화에 접하는 하나의 문화운동이 되지 않으면 안 된다. 여기에 문화조선이라고 제목을 바꾼 의의가 존재한다. 이것은 전적으로 관광의 신체제이다.[7]

이와 같이 만들어진 것을 감상하는 관광은 이제 구태의연하다며 '새로운 인식'의 생성을 통해 '적극적인 행동'으로 드러나는 관광의 형태를 권장한다. 시국은 전쟁에 더 주력하는 정치·경제체제로 나아가고, 용

---

7 《文化朝鮮》, 1940·12, p. 9.

지 보급과 출판에 대한 규제가 강화됨에 따라 '관광'이라는 단어 사용이 거북해지는 가운데 가지고 온 단어가 '문화'였고, 이러한 문화운동의 일환으로 평양은 주목할 만한 도시였던 것이다. 잡지에서는 문화적 측면을 강조하며 정적静的이거나 무미건조한 것이 아니라 사람의 활동이 담긴 감각적 평양을 묘사했다.

《문화조선》의 '평양특집'란에서는 〈대 평양을 건설하는 사람들〉이라는 제목으로 문화운동의 주역들을 소개한다. 여기에는 부청, 도청, 세무서, 전매국專賣局, 헌병, 보호관찰소, 의전醫專, 학교, 은행, 통신국, 법원 관련 일본인, 중소 상공업에 종사하는 민간인, 그리고 여성에 이르기까지 130여 명이 넘는 '평양인'의 이름과 이들의 활동이 그려져 있다.[8] 이들은 평양의 정치, 경제, 교육, 문화 분야를 선도하는 사람들로 평양을 대표한다. 이 가운데 조선인은 고작 10명 이내로 여성 중 누구의 부인, 작가 이효석, 신문기자 등의 이름이 보이는 정도이다.

한편 하층 조선인들은 구별된 지역에서 관리하고 있다는 점 또한 강조된다. 예를 들어 평양의 '근로지구勤勞地區'를 자랑스럽게 소개하는 글이 있는데,[9] 이곳은 일제의 문화운동의 일환으로 만들어진 곳으로 평양에서 생활 정도가 낮은 하층 계급 조선인을 수용하는 곳이자 평양에 슬럼가를 없애기 위해 만든 격리 공간이었다.[10] 잡지에서는 이러한 조선

---

8 《文化朝鮮》, 1940·12, pp. 90-93.

9 《文化朝鮮》, 1940·12, pp. 94-96.

10 여기에서 하층 조선인의 공간은 죄악과 비위생의 온상이라고 설명되고, 이들은 도시의 오염물질, 질환 등으로 비유되었다. 그리고 이런 생활수준이 낮은 조선인 구역을

인 격리를 설명함으로써 여행의 위험 요소로부터 관광객의 안심을 이끌어 낸다. 그리고 평양은 문화도시임과 동시에 조선의 본질을 파악할 수 있는 역사적 장소로서 이중성을 지닌 공간으로 거론된다. 여기에서 평양은 '남조선'에서 맛보지 못하는 3천 년의 역사를 경험할 수 있는 매력적인 장소로 제시되었다. 그중 낙랑고분은 '관광지 평양' 선전의 큰 매개였다.

또 일본에서 온 젊은 지리학자는 평양이 조선에 있어서 가장 오래되고 가장 새로운 도시라고 말한다. 평양은 서로 모순을 이루는 것 같은 상반된 성격을 가지고 있지만 곰곰이 생각해 보면 평양은 조선의 역사적 현실 면에서 가장 의미 깊은 곳이어서, 그 모순을 어떻게 지양止揚하느냐에 따라서 내선일체 완성의 정도를 가늠할 수 있을 것이다. 참으로 평양은 도회적 가치로서 우리에게 풍부한 연구 자료를 제공해 주고 여행자들에게 신기할 정도의 감명을 선사한다. 조선에서 여행하는 곳마다 허무함을 느꼈던 어떤 문인이 평양에 와서 겹겹이 쌓인 낙랑의 고분들을 석양빛 속에서 바라보며 조선의 본질을 파악하고 안정감을 찾을 수 있었다고 한다.[11]

《관광조선》에서 평양은 역사 연구의 자료를 제공하며 감명을 선사하

나누어 관청 직원이 배치되어 '생활지도'를 하고 있다는 사항도 기술하고 있다.(《文化朝鮮》, 1940·12, p. 96)

11 《文化朝鮮》, 1940·12, p. 82.

고 '조선적인 풍취'를 만끽할 수 있는 유서 깊은 도시로 소개되며 낙랑시대 유적 발굴에 주목하고 있다.[12] 그러는 한편 평양은 일본인에 의해 문화도시로 거듭나는 도시이기도 했다. 《문화조선》에서 평양 여행자가 주로 만나게 되는 사람들은 각 계통의 전문가들과 평양의 주류적 일본인들이었다.

또한 평양은 관광객에게 옛 조선의 풍취를 간직한 채 현재의 조선을 맛보게 해 주는 특별한 존재로서 평양 기생이 배치된 공간이었다. 평양 혹은 조선을 방문하는 일본 남성들에게 기생은 가장 매력적인 요소로 작용했다. 잡지에서는 "(기생은) 공원의 꽃은 꽃으로만 감상하되 자신의 어깨에 장식하려고 해서는 안 된다"[13]며 여행자가 기생을 독점하는 행위를 삼가고 '공유물'로 여기라고 전한다. '공원의 꽃'으로 비유되는 그녀들은 모란대나 연광정처럼 누구나 비용을 지불하고 향유하는 관광 상품이자 일본 남성들의 공유의 대상이 되었다. 이와 같이 조선의 유구한 문화유산을 간직한 평양이라는 도시에 존재하는 사람들은 지극히 진취적이고 세련되고 아름답게 묘사되어 그 낭만성이 강조된다.

---

12 《문화조선》 3권 1호에서는 고이즈미 아키오小泉顯夫가 낙랑 유물 발굴 당시 흥분에 휩싸였던 기억과 어떤 과정을 거쳐 발굴하였는지를 소개하고 있다. 이 낙랑 시기의 유물은 '평양 모란대 일각에 있는 박물관의 낙랑실, 낙랑칠기특별진열실'에 진열되어 있다고 소개된다. 고이즈미는 평양의 낙랑시대 유적 발굴은 1917년 조선고적연구회 평양연구소의 최초 발굴 조사에서, 1926년 도쿄제국대학 문학부의 발굴 조사 등 꾸준히 이어져 왔다는 내용도 덧붙이고 있다.(〈낙랑의 옛이야기樂浪古話〉《文化朝鮮》, 1940·12, p. 98–99)

13 《文化朝鮮》, 1940·12, p. 100.

'평양'과 '평양인'을 다룬 문학

평양을 가 볼 만한 여행지로서 최초로 소개한 일본 문학자는 하이쿠
俳句 작가인 다카하마 교시高浜虛子일 것이다. 교시는 조선 여행 후 《오
사카매일신문》,《도쿄일일신문》에 소설 〈조선朝鮮〉을 연재하고, 이를
1912년 지츠교노니혼샤実業之日本社에서 단행본으로 간행했다. 이 소설
은 이후 조선을 여행하는 문학예술가들의 여행담에서 빈번하게 등장한
다.[14] 그만큼 조선 관광에 대한 강렬한 인상을 남겼던 것이다. 특히 그
의 평양 관광은 하나의 모델이 되어 '교시의 평양 여행'을 모방하는 사람
들이 생기기도 했다. 예를 들어 《사계의 조선四季の朝鮮》(朝鮮拓殖資料調査
会, 1926),《신일본 구경新日本見物》(金尾文淵堂, 1918),《청구잡기靑丘雜記》(岩
波書店, 1932) 등 일본 지식인들의 여행담에서도 교시의 여행지가 언급되
어 그의 여행을 답습하고 있음을 보여 준다. 또한 교시가 방문했던 찻
집이 평양의 관광 명소가 되어 여행안내서에 소개되기도 했다.[15]

---

14 교시의 평양 관광은 이후 평양을 방문하는 문인과 예술가들에게 하나의 교과서처럼
    여겨졌다. 교시는 1910년 10월 철도원으로부터 조선 여행을 권유받는다. 그는 이에 대
    해 '일을 의뢰받았다'고 기록하고 있는데, 여기에는 다른 종류의 여행안내서 발간이라
    는 철도원의 의도가 있었다고 볼 수 있다. 즉, 여행안내서가 다 담지 못하는 '조선'을
    문학자를 통해 묘사하고자 했던 것이다.(서기재, 〈高浜虛子의 《朝鮮》연구―「여행안내
    서로서」의 의의〉《일본어문학》(16), 한국일본어문학회, 2003, 63~82쪽)

15 《조선》이라는 소설은 주인공의 '경성과 평양 여행'에 초점이 맞추어져 있다. 주인공은 평
    양 관광에서 역시 청일전쟁의 흔적들을 안내받으며 그곳에 대한 감상을 "참으로 훌륭한
    전쟁터"라고 이야기한다. 그리고 앞으로 평양이 관광지로서 개발 가치가 상당히 크다는
    점을 강조하여 소설에서 구체적인 관광 개발 계획을 언급한다. 그는 특별히 대동강을 중
    심으로 개발해야 한다는 점을 피력하며, 여행의 정점은 철로를 이용하여 대동강변까지
    온 관광객이 여기에서 배를 타고 '수중 궁전'에 빗대어지는 능라도의 호텔까지 가는 여

교시 이후 평양이라는 도시와 그곳 사람을 묘사한 문학은 《관광조선》과 《모던일본 조선판》의 수필과 소설에서 볼 수 있다. 양 잡지에는 당시 조선 시찰이라는 명목으로 초청을 받아 조선 각지를 다녔던 여행자들의 감상이 많이 실려 있다. 특히 하마모토 히로시는 평양 방문 후 거기에서 만난 기생 이지화李枝花(일본명은 李一枝花)를 모델로 하여 문학으로 완성해 보고 싶다는 의지를 밝혔다. 그의 이지화에 대한 애착은 대단했던 것 같다.[16] 하마모토는 《관광조선》에서 그녀에 대한 감상을 다음과 같이 이야기한다.

이(일)지화는 평양의 명기이다. 작년 봄 모란대의 오마키의 찻집에서 만난 것이 처음으로 (중략) 물욕과는 거리가 먼 로맨틱한 정신과 숙명적인 인생관을 가지고 있는 것 같았다. (중략) 그녀는 상당히 깊이 있고 인간적인 교양을 지니고 있는 것 같았다. (중략) 나는 이일지화를 소설로 그려 보고 싶다는 생각을 하고 있다. (중략) 나는 되도록 글로 소개하는 것을 피하고 싶다. 내가 아니더라도 가토 씨나 고지마 씨 등이 써 줄 거라고 생각한다.[17]

하마모토의 평양 기생 이지화에 대한 느낌은 가히 글로 표현하기 어

행 코스를 제안하기도 한다.(高浜虚子, 《朝鮮》, 実業之日本社, 1912, p. 258)

16 《관광조선》 1권 2호의 〈잊을 수 없는 사람들〉에서 하마모토는 이일지화에 대한 소개란을 별도로 마련하고 있다. 그만큼 하마모토의 마음을 사로잡은 기생이었던 것 같다.

17 《観光朝鮮》, 1939·8, p. 28.

려울 정도로 환상적이었던 것 같다. 그는 스스로 표현하기를 주저했지만 결국 《모던일본 조선판》(1)의 간판 소설 〈여수旅愁〉를 통해 그녀를 묘사했다. 그리고 《관광조선》 2권 1호부터 '완결소설'란이 생기는데 여기에 하마모토의 〈평양수첩平壤の手帖〉이 실린다. 이 소설도 평양의 모란대에서 만난 이추화라는 기생을 그리워하는 주인공의 심경을 그렸다. 이추화 역시 기생 이지화를 연상시키며 《모던일본 조선판》(1)에 〈여수〉가 실린 다음 해 《관광조선》 소설란에 주인공의 연인으로 등장한다. 하마모토의 이지화에 대한 열정은 평양 기생들 입에 회자될 정도로 화제가 되었다.[18] 하마모토의 〈평양수첩〉은 다음과 같은 내용으로 시작한다.

나의 추억을 먼 모란대의 오마키의 찻집으로 옮긴다. / 능라도의 포플러나무가 노랗게 물들어 있다. (중략) 이추화의 하얀 신이 토끼처럼 깡충깡충 풀밭을 디디며 차가운 돌계단을 달려 내려왔다. / 그녀는 부벽루 앞의 노점에서 자신의 브로마이드를 사 왔다. / 나는 실물이 훨씬 아름답다고 생각했다.[19]

---

[18] 평양기생들의 좌담회에서 사회자가 "하마모토씨와 이일지화 씨의 이야기를 한 번 듣도록 하지요"하면서 이야기를 꺼내는 장면이 있다. 여기에서 임양춘, 김연화, 조선녀, 차성실, 왕성숙 등이 질투의 심정을 담아 하마모토가 이지화에 푹 빠져 있었다는 사실을 앞다투어 이야기 한다. (《모던일본 조선판》(1), 371쪽)

[19] 《観光朝鮮》, 1939·12, p. 18.

주인공은 철도호텔에 투숙하며 평양 일대를 관광하는데 거기에 평양 기생 이추화가 동행한다. 평양의 풍광을 함께 즐기며 일본어로 나누는 두 사람의 의사소통에는 아무런 장애가 없다. 도쿄로 돌아간 주인공은 그녀가 불러 준 〈백구야 날지 마라〉라는 노래를 추억하고 그녀의 아름답고 상냥한 모습을 떠올리며 그리움에 잠긴다는 내용으로 마무리 된다. 하마모토의 평양 기생에 대한 깊은 인상은 《모던일본 조선판》(1)에 좀 더 구체적으로 표현되었다.

《모던일본 조선판》(1)에 실린 하마모토의 〈여수〉는 〈평양수첩〉과 마찬가지로 작가의 조선 여행 경험을 소설화한 것이다. 부인을 잃은 주인공이 부부의 추억을 떠올리게 하는 도쿄를 벗어나 새로운 경치로 마음을 달래고자 조선으로 향한다. 주인공은 금강산 어느 호텔에서 한 조선 여인의 아름다운 모습에 반한다.

여자는 하얗고 고운 손을 테이블 위에 놓고 편한 자세로 물끄러미 창밖을 바라보고 있었다. 열어 놓은 창밖에는 무성한 졸참나무 가지가 늘어져 있고, 가지에 반사된 푸른빛이 아름답고 홀쭉한 그녀의 볼을 연하게 물들여 방금 옛 그림에서 빠져나온 듯한 모습이었다. (중략) 정말 아름답다. 나는 그 모습에 황홀하게 빠져들었다.[20]

이 여성을 다시 만나게 되는 곳이 평양이었던 것이다. 평양 경험이 없

---

[20] 《모던일본 조선판》(1), 58쪽.

었던 주인공이 친구에게 여행을 권유받고 떠올리는 것이 '3천 년 고도의 땅', '대동강', '기생' 세 가지였다.[21] 그 이유는 당시 대동강 주변에서 고구려시대 유적이 발굴되기 시작하여 그 작업이 한창이었던 것, 대동강은 기생과 함께 뱃놀이를 즐길 수 있는 낭만적인 장소라는 이미지, 기생은 일본 남성에게 있어 조선 여행의 최대 즐길 거리라는 암묵의 전제가 있었기 때문일 것이다. 주인공은 교시의 《조선》을 읽은 것을 언급하

---

21 《모던일본 조선판》(1), 63쪽.

며 거기에 등장하는 '오마키의 찻집ぉ牧の茶屋'에 들른다.[22] 이 찻집은 모란대에 위치한 청일전쟁의 전장으로 상징적인 장소이자 평양 관광지를 한눈에 부감俯瞰할 수 있는 곳이었다.[23] 여기에서 주인공은 금강산 호텔에서 첫눈에 반했던 여성과 재회한다.[24] 이후 도쿄에 돌아가서도 이 여성을 잊지 못하는 주인공의 심경을 그리며 소설은 마무리된다.

이와 같은 형태로 평양은 낭만적인 장소로 거듭난다. 평양을 한눈에 부감할 수 있는 전투 장소였던 모란대는 '오마키의 찻집'이라는 유흥과 도락의 공간으로 포장된다. 여기에서 예능과 교양과 미모까지 겸비한 기생 이지화와 만나 대동강 뱃놀이를 즐기며 꿈 같은 한때를 보낸다는 내러티브는 그야말로 평양을 조선 최고 관광지로 전시하는 효과를 낳는다. 이는 배일적이고 과격한 인물을 배출하는 서조선이라는 장소의 이미지를 뒤집을 수 있는 요소로 작용하는 것이다.

한편《관광조선》에서 수필을 주로 게재했던 가토 다케오加藤武雄[25]는 《모던일본 조선판》에서〈평양〉이라는 소설을 통해 평양 여행을 그렸

---

22 "교시의 소설에서도 읽은 모란대의 오마키의 찻집도 지금은 시간이 흘러 아담한 음식점이기는 하지만 전망이 호반 제일이라고 알려져 있는 이곳에서 점심을 먹고 그늘이 지기를 기다렸다가 천천히 부근 명승지를 구경하기로 했다."(《모던일본 조선판》(1), 72쪽)

23 "적송의 모란대와 푸른 버드나무의 능라도가 좌우로 바라다보였고 정면으로 곧장 대동강이 흐르고 있었다. 먼 풍경으로 보이는 오른쪽 강 언덕에는 연광정 대동문의 큰 지붕과 옛 성안 기와지붕의 물결, 왼쪽 강 언덕에는 신리와 선교리 공장 지대의 매연이 자욱한 모습들이 끝없이 펼쳐지는 풍경이었다."(《모던일본 조선판》(1), 72쪽)

24 이후 그녀가 일본어에도 능통하고 검무 명인인 평양 일류 문학 기생이라는 것을 알게 된다.(《모던일본 조선판》(1), 73쪽, 77쪽)

25 가토 다케오(1888~1956)는 소설가로 가나가와神奈川현 출신이다. 초등학교 준교사로 일하다가 투서가로서 점차 이름을 알렸다. 1911년 신초샤新潮社에 입사하여 편집

다. 당시의 날씨와 여러 상황까지 동일한 내용을 한쪽은 수필의 형태로 한쪽은 소설의 형태로 기술해 놓고 있다. 가토는 《관광조선》의 〈조선잡기〉에서 금강산, 평양, 경주, 성진 등을 방문한다는 내용을 싣고 평양 방문 때 평양 박물관장인 고이즈미 아키오小泉顕夫를 만난 에피소드를 싣고 있다.

고이즈미 씨가 발굴 중인 금강사의 유적을 보여 주었다. 그 주변은 원래 고구려의 궁궐터라고 알려졌었는데, 사실은 궁궐터가 아니라 절터였다는 것—기록을 조사하여 금강사의 유적이라는 것이 이번 발굴로 판명되었다는 것이다. (중략) 강 저편에 아주 오래된 낙랑시대의 고분이 있어서 거기에서 발굴한 정교하고 다양한 그릇들을 우리는 이미 박물관에서 봤다. 그런 오랜 과거를 품고 있는 이 땅은 동시에 많은 지하자원을 품고 있어 앞으로도 무한한 발굴 가능성이 있는 토지인 것이다. (중략) 더운 날이었다. 강렬한 자외선을 포함한 태양열이 엄청나게 쏟아지는 속에서 (중략) 우리들은 여기에서 상류로 거슬러 올라가 주암산에 올라갔다.[26]

이상의 내용은 《모던일본 조선판》(1)에서 가토의 〈평양〉이라는 소설

자가 되어 《분쇼구라부文章俱樂部》 등을 편집한다. 1919년 농촌을 그린 자연주의 단편집 《향수鄕愁》로 작가로 인정받았고 전시 하에는 전의 고양 소설을 쓰고 패전 후 다시 통속소설을 썼다.

[26] 《観光朝鮮》, 1939·8, p. 23.

에 주인공의 여행지 행적으로 다음과 같이 나타나 있다.

　　6월 중순인데도 도쿄의 한여름보다 훨씬 더웠다. (중략) 관장 고이
즈미 씨의 명쾌하고 요령 있는 설명을 들으며 우리들은 그곳에 진열
된 유물들을 둘러보았다. 거기에는 주로 낙랑 고분에서 나온 것들이
모여 있었다.

　　(중략)

　　"정교하군요." 나도 모르게 탄성이 나왔다.

　　(중략)

　　"지금 아주 흥미 있는 발굴을 하고 있답니다."

　　"발굴이요? 역시 고분입니까?"

　　"아니요. 고구려시대 절터입니다."

　　(중략)

　　"내일은 놀잇배를 타고 주암산까지 가 볼 예정입니다. 꼭 보여 주
십시오."[27]

　　가토도 마찬가지로 평양의 기생집도 들르고 대동강 뱃놀이도 한다.
그러나 하마모토가 〈평양수첩〉이나 〈여수〉에서 평양 기생에 초점을 맞
추고 있다면, 가토는 모란대에 세워져 있는 평양박물관의 관장 고이즈
미 아키오라는 '평양인'에 주목하고 있다. 주인공은 고구려의 옛 유적에

27　《모던일본 조선판》(1), 89~92쪽.

대한 감상을 드러내며 이 시대의 문화유적을 대동강변에서 발굴하고 역사적 오류(궁궐터→절터)를 수정해 가는 일본 학자에 대한 존경심을 표한다. 이러한 고대문화를 발굴하고 연구하고 고증하는 데에 있어 조선인의 참여는 당연했을 것이다. 그러나 잡지에서는 일본 학자에게만 주목한 채 조선 학자의 모습은 그림자조차 보이지 않는다.

* * *

잡지 속 일본인 여행자가 주목했던 것은 '평양인'이었다. '평양인'은 일본 남성들에 의해 향유되고 관음観淫되는 '기생'으로, 그리고 수천 년 전 역사 속에 살아 움직였던 과거의 조선을 조명하는 '일본인 학자'로 대표된다. 이처럼 문화적 도시, 낭만적 도시로 포장되어 새로운 감각으로 전시된 '평양'에는 조선 대중의 삶의 자취가 보이지 않는다. 심지어 병들거나 가난한 조선인들은 격리된 공간에 갇혀 있다. 일본의 문화권과 언어권에 포함되지 못한 다수의 조선인들은 투명한 존재, 혹은 철저하게 '외국인', '이방인'으로 취급되었던 것이다.

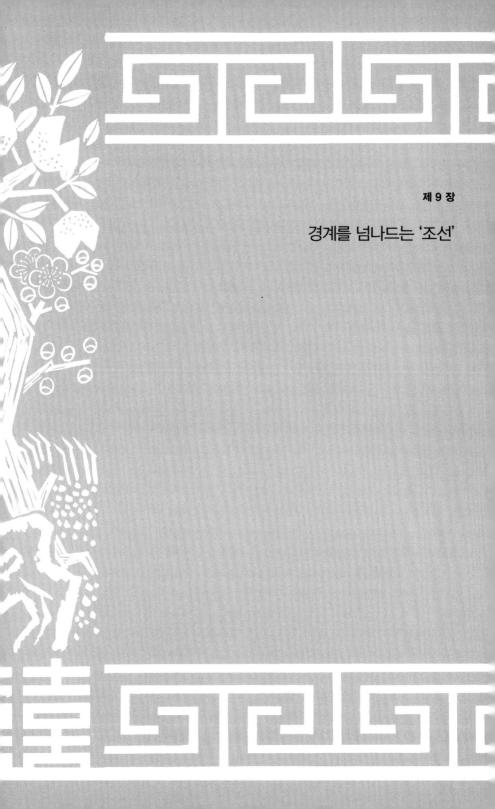

제 9 장

경계를 넘나드는 '조선'

▌가타야마 가키堅山坦(생물미상),《문화조선》Ⅳ-3 속표지

《관광조선》은 "흥미 본위"[1]의 읽을거리로서, 기존 조선 관광안내서가 가진 단점을 보완하는 형태로 구성되었다. 여기에 당시 일본 대중문화의 시류를 가장 민감하게 반영하는 《모던일본》 같은 잡지의 모방이 예고되어 있었다.

1939년 《관광조선》은 조선에서, 《모던일본 조선판》은 일본에서 간행되었다. 《모던일본 조선판》은 당시 모던일본사의 사장인 마해송馬海松의 주도 아래 임시로 증간하여 1939년 11월과 1940년 8월 두 번 발행되었다.[2] 1940년판 마해송의 〈잡기〉[3]에 의하면 원래는 한 번 발행하려고 했으나 독자의 성원에 힘입어 다시 발행했다고 한다. 《모던일본 조선판》의 배후에 가장 크게 자리 잡고 있는 것은 문화예술 방면에서 조선인의 활약이었다.[4] 열도일본 대중의 조선에 대한 관심을 최대 목표로 삼았던 양 잡지는 조선을 돋보이게 하기 위해 문학, 음악, 무용, 회화,

---

1 《観光朝鮮》, 1939·6, p. 87.

2 《모던일본》 1939년 12월 편집후기를 보면 《모던일본 조선판》이 1939년 10월 17일에 발간되어 19일에는 거의 매진되고, 19일 경성에서도 발매되었다고 한다.(곽형덕, 〈마해송의 체일시절—문예춘추 모던일본에서의 행적을 중심으로〉, 《현대문학연구》 33, 한국문학연구학회, 2007, 20쪽) 《모던일본 조선판》은 조선에 관한 내용이 어느 정도 일본 대중에게 받아들여질 것이라는 예상 하에 만들어진 것이었다. 이는 예상대로 좋은 반응을 얻어 그 다음 해인 1940년 또다시 《모던일본 조선판》이 제작된다. 이처럼 이전에 없던 특별판을 제작하려면 우선 집필진 구성이 필수적이었는데, 이 잡지에 참가한 집필진들은 대부분 일본인이었고 조선 여행 경험이 있거나 조선을 아는 사람들이었다.

3 《모던일본 조선판》(2), 354쪽.

4 기쿠치는 '조선예술상'을 제정하고 유력한 실업가들의 재원을 얻는 등, 조선인들이 문화예술 방면에서 활동할 수 있는 물적 토대를 마련했다. 그리고 '문예총후운동'을 통해 일본과 조선을 순회하며 강연했다. 그는 "조선 사람들은 문학, 음악, 무용 등에 특히 재능이 있는 것 같으니 장려하는 방법에 따라서 찬란한 꽃이 피지 않을까 생각한다"며 미나미 총독에게 이와 관련하여 부탁까지 했다.(《모던일본 조선판》(2), 110쪽)

풍속을 잡지 구성의 주요 소재로 삼았다.

이 장에서는 《관광조선》과 《모던일본 조선》판의 밀접한 관련성과 함께 동 시기 조선과 일본을 넘나들며 '조선'을 표상했던 인물들의 행적을 살펴본다.

시류를 반영한 대중잡지

1939년 양 잡지는 몇 년간의 준비 과정을 거쳐서 탄생했다. 《모던일본 조선판》(1)에서 기쿠치 간은 〈조선판에 부치는 말〉을 통해 조선판 발행은 매우 바람직한 시도라며, "수년간에 걸쳐 세운 계획이니 아마 훌륭한 것이 나올 것"[5]이라는 기대를 걸고 있다고 언급한다. 《관광조선》에서도 잡지 출판 기획 과정에서 잡지 창간 전후 3년간 산고를 겪어야 했음을 밝히고 있는 것으로 보아, 양 잡지가 적지 않은 준비 기간을 거쳐 완성되었음을 알 수 있다.

선과 후를 따지자면 《관광조선》이 1939년 6월, 《모던일본 조선판》은 같은 해 11월에 발간되었지만 《관광조선》은 1939년 10월호부터 미네 간이치가 편집부의 수장이 되면서 《모던일본 조선판》과 비슷한 성격을 더 많이 띠게 된다.

5　《모던일본 조선판》(1), 106쪽.

본지는 근본적으로 편제를 바꾸었다. 즉, 본지 편집 일체를 뷰로의 손에 넘기는 것으로 미네 간이치 씨가 뷰로에 들어오시고 제3호부터 편집 실무를 주재하게 되었다. 본 호〔1권 2호〕까지의 편집담당자 일동은 모두 보조적 역할로 돌아가는 것이다. 되돌아보면 전후 3년 잡지 탄생을 위해 산고를 겪어야 했던 본지도 이제 마침내 빛을 보게 되고 이제 2호가 세상에 나온다. 우리들의 조산부적인 역할을 끝났다. 오직 눈을 감고 본지의 성장을 기도할 뿐이다.[6]

위 인용문에서도 알 수 있듯 《관광조선》 1권 3호부터 편집진이 완전히 바뀐다. 양 잡지는 거의 같은 시기에 본격적인 모습을 드러내며 시류를 가장 적합하게 반영하며, 나아가 아직 보이지 않는 유행을 예측함으로써 일본 대중의 마음을 사로잡고자 했다. 이러한 비슷한 취지, 즉 독자들에게 조선에 대한 새로운 인식과 대중적 즐거움을 안겨 주는 매개로서의 역할을 목표로 삼았지만 서로에 대해서는 언급하지 않는다. 그러나 무심코 잡지를 넘겨 보더라도 그 구성과 내용의 관련성은 눈에 띤다.

〈표 5〉에서 보면, 양 잡지에 공통적으로 등장하는 인물은 주로 열도에 거주하는 문화계 일본인 여행자이거나 당시 일본에서 신예로 주목받고 있던 조선의 문학·예술가인 것을 알 수 있다. 이들은 1939년 잡지가 기획될 당시 '조선'을 일본 독자의 요구와 흥미에 가장 알맞게 '연출'해 줄 당사자이기도 했다.

---

6 《観光朝鮮》, 1939·8, p. 108.

〈표 5〉《관광조선》과 《모던일본 조선판》에 등장하는 인물과 작품

공통 등장인물	《관광조선》	《모던일본 조선판》
오노 사세오 大野佐世男	조선 · 여행의 심심풀이(I-3) 여성점묘(II-2) 조선의 좋은 점(III-1) 조선의 세도(III-3) 속표지(III-5) 조선의 세도(IV-1)	〈은은한 느낌의 조선 아가씨〉(1940)
하마모토 히로시 濱本浩	잊을 수 없는 사람들(I-2) 〈평양의 수첩〉(소설)(II-1) 〈국기〉(소설)(III-1) 조선을 생각하다(IV-1)	〈여수〉(소설), 〈조선의 이모저모〉, 〈새로운 조선에 관한 좌담회〉 사회(1939) 〈대중예술에 대하여〉(1940)
무라야마 도모요시 村山知義	고예술을 그리워한다(I-3) 만주에서 본 조선극단(II-5)	〈조선의 친구들〉(1939) 〈새로운 조선에 관한 좌담회〉 참가(1939) 〈여행 앨범에서〉(1940)
기쿠치 간 菊池寬	신라의 진궁(II-5)	〈조선 판에 부치는 말〉, 〈조선의 청년들〉(1939) 〈조선수감〉(1940)
가토 다케오 加藤武雄	조선소기(I-1) 조선잡기(I-2) 조선을 생각하다(II-4) 조선의 친구에게(III-5)	〈평양〉(1939) 〈새로운 조선에 관한 좌담회〉 참가(1939)
후쿠다 기요토 福田淸人	대륙일순기(II-1) 조선의 영화와 문학(II-4) 〈시인 김군〉(소설)(IV-1)	〈엽서회답〉 조선과 나(1939) 〈조선, 본대로 기록〉(1940)
아키다 우자쿠 秋田雨雀	〈춘향전〉 여행과 경성(I-3) 평양에 대한 추억(II-6)	〈엽서회답〉 조선과 나(1939)
시마키 겐사쿠 島木健作	불국사까지(II-2) 두 번 째의 조선(II-6)	〈경성에서의 열흘〉(1940)
유아사 가쓰에 湯淺克衛	경성 여자 3제(I-3) 〈[고향]에 대하여〉(소설)(II-2) 〈조춘〉(소설)(III-1) 〈부인지도자〉(소설)(IV-2) 아름다운 경성도(IV-4) 수풍댐 이야기(V-1)	〈엽서회답〉 조선과 나(1939) 〈생각나는 대로〉(1940)
가와가미 기쿠코 川上喜久子	스무 날의 여행(II-1) 〈생명의 강〉(소설)(III-1) 목포의 추억(III-4) 원산의 추억(IV-1)	〈엽서회답〉 조선과 나(1939)

스즈키 다케오 鈴木武雄	《관광》 조선과 《생활》 조선(II-2) 여행과 신체제(III-6) 반도의 징용(VI-4)	〈조선의 인식〉(1939)
미요시 다쓰지 三好達治	계림잡감(II-6)	대나무 베는 오두막(그림)(1939)
이하라 우사부로 伊原宇三郎	노인의 얼굴(그림과 글)(II-3)	조선의 현대미술(그림과 글)(1940)
야마가와 슈호 山川秀峯	다섯 화백에게 반도의 인상을 듣는 좌담 회(I-2)	〈기생의 미〉(1939)
가라시마 다케시 辛島 驍	사진(V-3) 조선운동의 근본문제(V-4)	내지인으로(1939)
미타라이 다쓰오 御手洗 辰雄	관광의 신의의(III-6)	내선일체론(1939)
도고 세이지 東郷青兒	그림(III-1)	기생(그림과 글)(1939) 박설중월 군에게(1940)
구보카와 이네코 窪川 稲子	남자아이(III-2) 조선에서의 이것저것(IV-3)	〈엽서회답〉 조선과 나(1939)
이토 세이 伊藤 整	조선의 맛(II-3)	〈엽서회답〉 조선과 나(1939)
이이지마 다다시 飯島 正	조선잡화(IV-3)	〈엽서회답〉 조선과 나(1939)
우치키 무라지 打木 村治	경성여감(II-6)	〈엽서회답〉 조선과 나(1939)
미시마 마사오 三島 雅夫	경성의 서서 마시는 술집에 대하여(I-3)	〈엽서회답〉 조선과 나(1939)
야스타카 도쿠조 保高 德藏	33년 전의 추억(II-5) 살아있는 경성(V-1)	〈엽서회답〉 조선과 나(1939)
이노우에 오사무 井上 收	여행과 영춘(II-1) 여행에 깃들다(III-2)	역대 조선총독을 말하다(1940)
시마키 겐사쿠 島木 健作	불국사까지(II-2) 두 번 째의 조선(II-6)	경성에서의 열흘(1940)
이바 가즈히코 伊庭 数彦	기생을 위하여(II-5)	조선에는 '해외파' 박사가 많다(1940)

전희복	어느덧(II-5)	조선가정부인의 생활모습(1939)
김사량	〈산의 신들〉(소설)(III-5) 〈거지의 무덤〉(소설)(IV-4)	〈조선의 작가를 말하다〉(1939)
장혁주	〈해후〉(소설)(II-3) 아름다운 조선(III-2) 경성(IV-5) 지원병훈련소 입소일기(V-2)	〈금강산 잡감〉(1939) 〈불국사에서〉(1940)
이광수	조선의 초여름(II-4)	〈무명(無明)〉(1939) 〈나의 교우록〉(1940) 그 외 1940년판 광고란에 〈가실〉〈사랑〉, 〈유정〉 등을 걸출한 작품으로 소개
정지용	말에 대하여(IV-4) 비로봉(시)(IV-5)	백록담(시)(1939)
주요한	봉선화(시)(IV-5)	봉선화(시)(1939)
최정희	〈정숙기靜寂記〉(소설)(III-3) 꽃(IV-3)	〈친애하는 내지 작가에게〉(1940)
김동환	누명(시)(IV-5)	엽서회답 (1939) 〈웃은 죄〉(시)(1940)
유진오	멸망해가는 것의 아름다움(II-3) 유진오 사진(V-4)	〈엽서회답〉 조선인이 내지인에게 오해받 기 쉬운 점(1940)
이효석	주을朱乙소묘(III-1)	〈메밀꽃 필 무렵〉(1939) 〈엽서회답〉 조선인이 내지인에게 오해받 기 쉬운 점(1940)
김인승	《관광조선》 표지 작가	삽화: 하마모토 히로시 〈여수〉, 오구라 신 페이〈해협문화〉, 장혁주 〈금강산 잡감〉, 한식 〈차이와 이해〉, 이효석 〈메밀꽃 필 무렵〉(1939) 《모던일본 조선판》 속표지, 이극로 〈문화 의 자유성〉, 최명익 〈심문〉(1940)
이인성	속표지(III-2)	삽화: 우가키 가즈시게 〈조선을 어떻게 볼 것인가〉, 오구라 신페이 〈해협문화〉 (1939)
심형구	속표지(III-4)	삽화: 박태원 〈길은 어둡고〉(1940)

양 잡지의 표지를 장식한 한복 차림의 조선 여인 그림은 독자들의 관심을 촉구하는 가장 강렬한 매개였다. 그리고 양 잡지 전반부에 게재된 기생과 연예인 사진은 손쉽게 잡지의 세계로 독자를 이끈다.[7] 그 외에도 조선의 주요 도시 소개, 색깔이 있는 페이지 설정(콩트, 만화, 영화 이야기, 사진 등을 수록), 특집 그래프(수많은 조선 관련 사진 게재), 소설란, 수필란, 좌담회 코너의 설정, 그리고 목차 부분의 장식에 이르기까지 상당한 유사성이 발견된다.

내용 면에서 ①시국을 반영한 내선일체 관련 내용, ②조선의 관광지 소개, ③경성과 평양에 집중한 기술, ④조선 가정부인의 모습, ⑤기생·기생학교, ⑥한복, ⑦삽화, ⑧조선영화, ⑨〈춘향전〉, ⑩광고, ⑪조선인을 희화한 만화, ⑫조선의 도시 특별 소개, ⑬조선의 상업과 자원에 대한 관심도 비슷하다.

그리고 '여행'이라는 주제에 집중하고 있다는 점도 지적할 수 있다. 여행잡지인 《관광조선》의 조선 여행 관련 기술은 당연하다. 그러나 관광잡지가 아닌 《모던일본 조선판》에서도 "대륙으로 가는 최단경로 여행은 약진하는 조선을 인식하는 기회로"라는 조선총독부 철도국의 광

---

7 양 잡지는 가수나 배우, 무용수, 기생 등 대부분 여성으로 구성된 조선 예술인들의 사진을 제시하고 있다. 그녀들은 잡지 서두에 사진 형식으로 제시되었고, 대부분이 한복 차림이다. 사진은 주로 야외 촬영인데, 그 배경은 조선의 최대 관광지이자 기생들의 본고장인 평양이었다. 사진에는 평양의 부벽루, 현무문, 모란대, 최승대, 을밀대를 배경으로 포즈를 취하고 있는 평양기생이 보인다.

고,[8] 경성역에서 도쿄역까지 이동 시간을 묻는 현상문제,[9] 만화 형식의 조선 관광지 소개[10] 등을 통해 조선에 대한 관심을 촉구하는 매개로 '여행'이라는 소재를 사용하고 있다.

또한 양 잡지는 일본에서 반도를 거쳐 중국까지 가는 교통편의 시각표를 제공하고 있으며, 각각 "여행하실 때는《모던일본》을 꼭 잊지 마세요!"[11]라는 광고문과 "여행에 좋은 반려"[12]가 되고 싶다는 희망을 담고 있다. 이처럼 양 잡지가 '여행'의 동반자로서의 목적 또한 공유하고 있었음을 알 수 있다. 그러나 무엇보다도 양 잡지를 잇는 것은 조선과 일본을 횡단하며 관계를 만들어 가는 다양한 사람들이었다.

이들이 담당한 역할은 독자들에게 조선이 얼마나 '즐거운 장소'인지를 단시간에 보여 주는 것, 그리고 조선과 일본이 얼마나 가까운지를 강조해 심리적인 거리를 좁히는 것이었다. 이를 위해 '문화'에 대한 집중과 관심을 보이고 있다. 잡지는 당시의 문학, 회화, 영화, 연극, 음악, 스포츠, 화류계에 이르기까지 동 시기 가장 활약하는 인물들의 활동상을 제시하며 독자의 관심을 촉구하고 있다.

---

8   《모던일본 조선판》(1), 313쪽:《모던일본 조선판》(2), 294쪽.

9   《모던일본 조선판》(1), 492쪽.

10 《모던일본 조선판》(2), 312~313쪽.

11 《모던일본 조선판》(1), 501쪽.

12 〈편집후기〉,《観光朝鮮》, 1939·6.

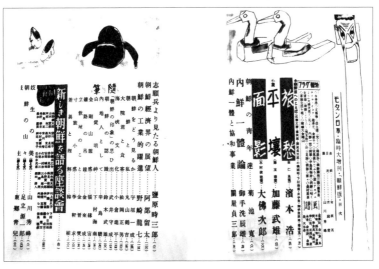

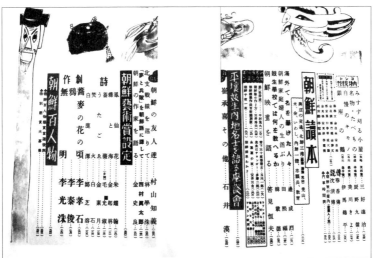

《모던일본 조선판》(1) 목차

양 잡지에 등장하는 하마모토 히로시, 가토 다케오, 고지마 마사지로, 후쿠다 기요토, 아키다 우자쿠, 무라야마 도모요시 등은 조선 여행을 함께하기도 하고, 여행 후 서로 만나 '조선 여행'에 대한 감상을 공유했다.

《관광조선》 1권 2호에는 〈조선잡기朝鮮雜記〉, 〈조선옷 예찬朝鮮服礼讃〉, 〈잊을 수 없는 사람들忘れられぬ人人〉이라는 제목으로 가토 다케오, 고지마 마사지로, 하마모토 히로시 3인의 글이 나란히 실려 있다.[13] 세 사람이 함께 조선 여행을 했다는 내용은 《모던일본 조선판》(1)에서 알 수 있다. 여기에 실린 〈평양기생 내지 명사를 말하다〉[14]에서 그리고 양 잡지에서 활약한 유아사 가쓰에의 글에서도 이들의 동행을 확인할 수 있다.[15]

양 잡지에서 하마모토의 역할은 중대했다. 그가 잡지에 사진과 함께

---

13 이들과 동행했던 고지마 마사지로는 조선옷의 아름다움과 더불어 "내가 과거에 만났거나 혹은 사진이나 회화로 본 동서양의 어떤 미인보다도 조선 여인은 아름다웠다"(《観光朝鮮》, 1939·8. p. 24)며 조선 여인의 아름다움에 감탄하였다.

14 평양기생 조선녀는 가토를 '아버지'라고 부르며 아주 친해졌다고 이야기한다.(《모던일본 조선판》(1), 370쪽)

15 이들 여행에 유아사 가쓰에도 전 일정은 아니지만 동행한 것으로 보인다. 유아사는 어린 시절을 조선에서 보낸 작가로 《관광조선》에 〈고향에 대하여故郷について〉, 〈조춘早春〉, 〈부인지도자婦人指導者〉 등의 소설과 수많은 수필과 감상문을 남겼으며 《모던일본 조선판》에 "작년 봄 가토 다케오 씨, 하마모토 히로시 씨와 화홍문에 가서 방화수류정에 올라가려고"(《모던일본 조선판》(2), 95쪽)라는 내용이 있는 것으로 보아 조선에서 이들을 안내했음을 알 수 있다. 유아사는 《모던일본 조선판》(2) 〈생각나는 대로〉에서 어렸을 적 조선의 남쪽 마을 바닷가에서 지낸 추억을 떠올리며 "집 뒤쪽에 있던 담배 밭의 잎새가 버석대는 소리나 집 앞에 있던 바다에서 파도소리가 철썩거리는 소리가 들리는 듯하다", "그때부터 수원은 내 고향이 되어 버렸다"(《모던일본 조선판》(2), 94쪽)는 등의 감상을 적고 있다.

게재한 〈조선의 이모저모〉[16]는 조선 소개의 가장 첫머리를 장식하고 있고 사장인 마해송과도 긴밀하게 관련되어 있음을 알 수 있다.[17]《관광조선》에도 그의 소설이 두 번이나 실리고[18] 여행 관련 수필도 실린다. 소설 〈국기〉가 실린 페이지에는 하마모토의 얼굴 사진이 큼직하게 함께 게재[19]되어 있을 정도로 양 잡지에서 그의 비중은 적지 않다. 조선을 주제로 삼은《모던일본》이 처음 발행되는 시점에 가장 서두에 하마모토의 조선 여행을 소설화한 내용이 실린 것은 상징적이다. 그는 일본인들을 모아 조선에 대해 이야기하는 좌담회를 진행하며 분위기를 컨트롤하는 역할을 하기도 했다.[20] 그리고 하마모토가 매우 집착했던 기생 이지화의 모습을 담은 삽화를 김인승이 그렸고, 같은 해 김인승이《관광조선》1권 3호부터 표지 화가가 되었던 사실도 양 잡지의 연관성을 엿볼 수 있는 대목이다.[21] 또한 하마모토는《관광조선》1권 2호의 〈잊

---

16 《모던일본 조선판》(1), 40~42쪽.

17 하마모토는 마해송의 고향을 일부러 방문하고 그의 친척인 마종태의 별장에도 방문하여 묵었다. 또한《모던일본 조선판》(1)에서 마해송의 생가를 방문하여 그의 형을 만나 이야기를 나눈 것에 대한 감상을 이야기하고 있다.(《모던일본 조선판》(1), 143~144쪽)

18 《관광조선》2권 1호의 〈평양수첩〉은 주인공이 평양의 기생을 만나 그녀와 함께한 즐거운 한때를 회상하며 그리워하는 내용이다.《문화조선》으로 이름이 바뀐 3권 1호의 〈국기〉라는 소설에서는 국경인 만포진에 여행을 간 주인공이 일장기에 엄숙하게 경례를 하는 어린이들의 모습을 보고 감동했다는 국책을 반영하는 내용이다. 그리고 하마모토는《관광조선》1권 2호에 〈잊을 수 없는 사람들〉이라는 수필도 실었다.

19 《観光朝鮮》, 1940·12, p. 28.

20 《모던일본 조선판》(1)의 〈새로운 조선에 관한 좌담회〉(《모던일본 조선판(2), 130~158쪽)에서 하마모토는 사회를 맡았고 여기에 가토 다케오와 무라야마 도모요시, 마해송 등도 참가하였다.

21 《관광조선》 1권 3호(본서 표지 참고)의 조선 여인과 하마모토의 소설 〈여수〉의 삽화 속 여인의 모습(본서 8장 참고)은 매우 닮아 있다.

을 수 없는 사람들〉에서 한은진·문예봉·김소영을 조선의 3대 스타로 소개하는데, 이들 중 문예봉과 김소영은 각각 《모던일본 조선판》(1)과 (2)의 표지모델이 되었다.

또한 가토 다케오는 소설 〈평양〉에서 "우리들은 평양에 오기 전에 성진城津을 찾아 야심차게 세워진 고주파중공업 대공장을 견학하고 왔다. 전무 다카하시 씨는 직접 우리들을 안내하여 엄청난 규모의 설비를 보여 주었다"[22]며 공장 시찰 경험과 감상을 자세하게 기술하고 있다. 이들의 공장 방문 내용은 《관광조선》에서는 하마모토의 〈잊을 수 없는 사람들〉에서 확인할 수 있다.[23]

작가인 후쿠다 기요토는 《관광조선》 2권 1호에 〈대륙일순기大陸一巡記〉, 2권 4호에 〈조선의 영화와 문학〉, 《문화조선》 4권 1호에 인상 깊었던 조선인 학생에 관한 이야기를 담은 소설 〈시인 김군詩人金君〉을 싣고 있다. 〈대륙일순기〉에는 그가 1939년 봄과 여름에 걸쳐 약 2개월간 '대륙개척문예간담회'에 참석하는 길에 경성에서 3일, 평양에서 1일 체재했다는 기록이 있다.

조선은 이미 30년이 넘는 친근성, 육친성 때문인지 단지 대륙으로 가기 위한 가교 정도로 생각하는 감이 없지 않다. 조선 땅을 방문한

---

22 《모던일본 조선판》(1), 100쪽.

23 《관광조선》의 〈잊을 수 없는 사람들〉(《観光朝鮮》, 1939·8, p. 27)에서 성진의 고주파중 공업주식회사의 전무 다카하시 쇼조高橋省三에 대한 소개는 소설 〈평양〉에서 다시 언급되었다.

적이 없는 내지 사람도 이미 알고 있다는 착각에 빠져 있다. 그런 감
각이 형성된 이유는 내지에 엄청나게 유입되어 있는 반도의 노동자
때문일 것이다. 또 아리랑의 애처로운 곡조, 기생 엽서 등 설령 실제
가 보지 못했더라도 온돌의 따뜻함을 몸으로 느낀 것 같은 기분이 드
는 것이다.[24]

후쿠다는 자신이 만난 조선인들이 일본에서 늘 보던 조선인 노동자
들과 달라 상당히 놀란 것 같다. 그러면서 그는 '노동자, 기생, 온돌＝조
선'이라는 착각에서 벗어나야 하며, 조선인은 과거 시대에 머물러 있지
않으며 문화인들의 의식이 훌륭하다고 이야기한다. 그는 만주나 중국
을 여행하려는 사람들은 꼭 조선을 경유해야 한다며, 조선의 문필 관계
및 신문사 사람들과 많은 대화를 한 것(내선일체에 관한 내용, 조선인들의
사상의 움직임, 문학의 경향 등)에 대해 기술하고 있다.[25] 후쿠다는 《모던
일본 조선판》(1)에서도 경성과 평양에 들러 조선의 문화인들을 만나 이
야기를 했다며, 조선과 일본의 문화적 교류의 필요성을 강조한다.[26] 또
한 그는 《모던일본 조선판》(2)의 〈조선, 본 대로의 기록〉에서 부산에서
출발하여 만주 하얼빈 북쪽 국경까지 여행한 감상을 남기고 있다.[27] 여

---

24 《観光朝鮮》, 1939·12, p. 98.
25 그러면서 "여태까지 마음을 열고 서로 이야기하지 못했었다는 것을 절실히 느꼈다"고
    고백하며, "조선 지방의 현실 생활, 거기에 사는 내지인과 그 외의 사람들을 만나고자
    하는 바람"(《観光朝鮮》, 1939·12, p. 99)을 이야기한다.
26 《모던일본 조선판》(1), 393쪽.
27 《모던일본 조선판》(2), 99쪽.

기에서 경성과 평양에 대한 인상, 조선의 기생들, 그리고 조선 문화인들과의 만남을 구체적으로 기술했다. 양 잡지의 〈대륙일순기〉와 〈조선, 본 대로의 기록〉에는 조선의 포플러 풍경의 아름다움에 대한 동일한 묘사가 보인다.

아키다 우자쿠는 《관광조선》 1권 3호의 〈〈춘향전〉 여행과 경성〉이라는 코너에 처음 등장한다.[28] 《모던일본 조선판》(1)에서는 조선의 전설을 소개하는 부분에 〈춘향전〉이 실렸고, 〈춘향전〉 관련 여행 내용은 아키다와 동행했던 무라야마 도모요시가 자세히 전하고 있다. 1938년 일본의 신협극단이 경성과 조선 각지에서 〈춘향전〉을 상연했는데[29] 무라야마는 여기에 조선인 조력자들의 도움이 많았다는 언급을 한다.

아키다는 《모던일본 조선판》(1)의 〈엽서회답 조선과 나〉에서 유년기 조선인들과 접한 경험, 1938년 〈춘향전〉 여행 때 조선 사람들이 호의를 베풀어 준 것에 대한 감사 등을 표하고 있다.[30] 아키다는 신협극단의 간사장을 맡아 무라야마를 보조하고 있었다. 양 잡지의 사진과 글은 이두 사람의 〈춘향전〉 공연 행적을 보여 준다.[31] 아키다는 경성에서 처음으로 〈춘향전〉이 공연되는 감격을 다음과 같이 이야기한다.

---

28 《観光朝鮮》, 1939·10, pp. 18-21.

29 극단 신극협회의 〈춘향전〉 공연은 경성 부민관에서 1938년 10월 25일에서 27일까지 진행되었고, 이어서 평양(금천대좌, 10. 29~10. 30), 대전, 전주, 군산에서 진행되었다. 그 밖에 인천, 진남포, 목포, 부산 등을 포함해 10여 개 도시에서 순회공연을 했다.(문경연, 〈일제말기 극단 신협의 〈춘향전〉 공연양상과 문화 횡단의 정치성 연구〉, 《한국연극학》(40), 한국연극학회, 2010, 3쪽)

30 《모던일본 조선판》(1), 386쪽.

31 《観光朝鮮》, 1939·10, p. 20; 《모던일본 조선판》(2), 34쪽.

오늘부터 춘향전 공연이 시작된다. 나는 조선의 관객이 큰 관용을 가지고 우리들의 이 최초의 시도를 받아들여 줄 것을 진심으로 바랐다. 관객석의 문이 열리자 사람들의 뜨거운 열기가 느껴졌다.[32]

이와 함께 아키다는 《관광조선》의 〈〈춘향전〉 여행과 경성〉에서 송석하가 신협극단 사람들과 함께하며 조선문화에 대한 설명을 담당했다고 언급하고 있는데, 무라야마는 이에 대해 《모던일본 조선판》(1)에 자세히 기술한다.

송석하 씨에게도 이루 다 말할 수 없을 정도로 폐를 끼쳤다. 그는 두말할 나위 없는 일류 고고학자이다. '춘향전의 고증'은 모두 그의 조력에 의한 것이고 비원을 비롯해 궁전, 옛 사찰 등의 건축물을 구경할 때도 송석하 씨의 안내와 설명이 있었기에 흥미롭고 유익했다. 부탁을 하면 아무리 까다로운 것이라도 조사해 주었다.[33]

송석하는 〈춘향전〉의 고증뿐만 아니라 일본의 방문단에게 조선의 정원, 민요, 아악 등도 소개했던 것을 알 수 있다.[34] 그리고 〈춘향전〉 공연 후 평가회 때에는 아베 요시시게, 현철, 유치진, 정인섭, 심영 등의 문학

---

32 《観光朝鮮》, 1939·10, p. 19.

33 《모던일본 조선판》(1), 356쪽.

34 《観光朝鮮》, 1939·10, p. 19-20

자 및 연극 전문가들과 함께 모여서 공연에 대한 비평과 희망을 이야기했다고 한다.[35]

잡지를 횡단하는 조선 여성 이미지

양 잡지에서 독자들이 잡지를 최초로 집어들게 하는 매개로서 조선 여성 이미지의 역할은 지대하다. '조선미술전람회' 심사를 4년 동안 맡았고 《관광조선》에도 다양한 글과 그림을 게재한 일본 화가 이하라 우사부로伊原宇三郞는 《모던일본 조선판》에서 '조선의 간판화가'로서 김인승·이인성·심형구를 언급하는데, 이 세 인물은 고스란히 《관광조선》의 표지 담당 화가로 활동하며 조선 여성을 그렸다. 이하라는 특히 반도인 중에 꽤 유망한 유화화가로 김인승을 거론하고 있다.[36] 김인승은 《모던일본 조선판》 문학의 삽화에 빈번하게 출현했다. 앞서 소개한 하마모토의 〈여수〉 삽화를 비롯하여 "우리 문단의 큰 수확"이자 "역작"[37]이라는 평가로 일본 문단의 주목을 받았던 최명익崔明翊의 〈심문心紋〉

---

35 1938년 10월 〈춘향전〉이 일본어로 상연된 이래 수차례의 좌담회가 이루어졌다. 그러나 조선에서 공연된 일본어 〈춘향전〉에 대한 반응은 '조선적인 것'을 담아내지 못했다는 측면에서 냉담했다.(서동주, 〈1938년 일본어 연극 〈춘향전〉 조선 '귀환'과 제국일본의 조선 붐〉, 《동아시아고대학》(30), 동아시아고대학회, 2013, 196쪽)

36 이하라는 《모던일본 조선판》(2)(217쪽), 그리고 《관광조선》 II-3에 〈노인의 얼굴〉이라는 글과 그림을 싣고 있다.

37 〈편집후기〉, 《모던일본 조선판》(2), 495쪽.

김인승, 소설 〈심문〉 삽화, 《모던일본 조선판》(2) ┃ 김인승, 《모던일본 조선판》(2) 속표지

삽화를 담당할 정도로 양 잡지의 간판 스타였다. 결국 《모던일본 조선판》의 1940년판 속표지를 담당[38]하고, 심지어 《관광조선》 광고란까지 그의 그림이 보인다.

조선을 여행했던 일본인 화가들도 기생이나 조선의 여인을 그려 양

---

38 표지 모델은 조선의 연예인 윤소영과 문예봉으로 지목된 터라 김인승은 속표지의 그림을 맡게 된 것인데 이는 거의 표지와 다름없는 것이었다. 1940년판에서는 앞서의 화가들이 대부분 사라지고 김인승이 속표지 그림과 소설 삽화를 맡은 외에 이승만, 이인성, 심형구의 그림 한두 점이 보인다.

▌ 김인승 스케치와 경성합동운송주식회사 광　▌ 김인승 스케치와 조선철도주식회사 광고,
　고,《문화조선》IV-1　　　　　　　　　　　　《문화조선》IV-1

잡지에 실었다. 이하라 우사부로와 오노 사세오는 양 잡지에 조선의 아
가씨에 대한 감상과 비슷한 그림을 실었다.

　일본 화가 도고 세이지東鄕靑兒는 기생은 "조선의 우수함을 가장 손쉽
게 알리는 방법"이라며, 조선에 가는 일본 여행자가 가장 먼저 떠올리
는 것이 기생이라고 말하고 있다. 그리고 일본인에게 "고려백자의 촉감
을 느끼게 하고 세계에 유례 없는 옛 문화를 느끼게 하는 데"에는 기생
의 태도 하나에 달려 있다며 기생을 "약진 조선의 중요한 톱니바퀴"라
고 설명한다.[39] 잡지에는 기생에게 인기가 있으려면 익혀 두어야 할 조

39　《모던일본 조선판》(1), 266~267쪽.

■ 이하라 우사부로, 〈기생〉, 《모던일본 조선판》(2)　　　　■ 오노 사세오, 《모던일본 조선판》(2)

■ 오노 사세오, 《모던일본 조선판》(2)　　　　　　　　■ 오노 사세오, 《모던일본 조선판》(2)

선어를 소개하고,[40] 〈조선복 활용법〉[41]을 통해 한국어와 여자한복에 대

해 소개하고, 〈경성 일류 기생의 재산 보유 순위〉를 표로 만들어 관심

40　《모던일본 조선판》(1), 311쪽.

41　《모던일본 조선판》(2), 312쪽.

을 끌기도 했다.[42] 일본문화가 주도하고 있는 조선이었지만 기생과 공유하는 공간(도락적, 환상적 공간으로 현실세계와는 동떨어진 공간)에서는 조선어, 조선 복식이 우선시되고 있다.

또한 《관광조선》에 나오는 철도국 초청으로 조선 여행을 한 화가들 중 나가타 슌스이를 제외한[43] 4인의 화가들의 이름이 고스란히 《모던일본 조선판》의 좌담회 〈평양기생 내지 명사를 말하다〉에서 기생 차성실, 조선녀의 발언에서 언급된다.[44] 이처럼 조선의 철도국에서는 일본의 화가들을 조선으로 초청하여 《관광조선》에 글과 그림을 싣고, 이 화가들은 다시 《모던일본 조선판》(1)·(2)에서 글과 그림의 형태로 등장한다.

또한 《모던일본 조선판》의 〈〈조선판〉특별현상대모집〉에서는 미스조선을 알아맞힌 사람에게 할증금과 함께 지나사변(중일전쟁) 저축채권 15엔 권을 수여할 정도로 비중을 두었다.[45] 미스조선은 평양기생 박온실이

42　이름과 보유 금액, 권번, 출생지를 기록하였는데, 가장 재산이 많은 기생은 조선권번의 서조선 출신 김월색으로 보유 재산이 20만 엔이었다.(《모던일본 조선판》(2), 293쪽)

43　《관광조선》 기록으로 봤을 때 나가타 슌스이는 조선의 남쪽 지역인 부산, 경주, 내장산, 지리산, 섬진강, 화엄사 등을 방문하느라 평양의 기생집에는 방문하지 않았던 것 같다. 그가 조선에 대해 그린 그림이 〈경성 교외 남한산〉(I-2), 〈남선의 여행에서〉(I-2)라는 글과 함께 수점 실리는데 대부분이 조선의 경관, 마을 풍경 등이 주제였고, 그의 글을 통해 조선의 민속문화에 대한 경이와 감탄을 엿볼 수 있다.(《観光朝鮮》, 1939·8, pp. 30-32, pp. 60-65) 〈경성의 인상〉에서도 도시화된 경성이 아니라 '옥류동 계곡 금강문', '검무를 추는 기생'을 그린 그림을 제시하고 있다. 기생이 거주하는 집을 방문하여 사생을 하기도 했다.(《観光朝鮮》, 1939·12, p. 48)

44　"선생님들은 정말 친절하셨어요. (중략) 모두들 평양 경치에 아주 감탄하시며 화실에서 우리들을 모델로 그림을 그리셨는데 한번 보고 싶네요."(《모던일본 조선판》(1), 369쪽)

45　《모던일본 조선판》(2), 295쪽.

차지했다.[46] 그녀를 추천한 기쿠치 간은 "나는 박온실을 미스조선에 추천한다. 조선의 고전미라고 할 수 있는 청초한 아름다움이 좋다"[47]고 했다.[48] 《관광조선》에서도 조선 여인들과 기생은 조선을 방문한 문예인들의 미적 대상으로 여겨졌고 청초, 균형 세련, 감각적이라는 단어로 묘사되고 있다. 야마가와 슈호는 기생을 스케치한 그림을 제시하면서,

기생을 보면 청정한 아름다움을 느낀다. 단순한 담색조의 색상과 한복이 가지는 단아한 자태가 이런 느낌을 자아내게 하는지도 모른다. 이왕가 박물관에 소장된 이름난 도자기들의 청순한 백청색의 분위기와 어딘가 통하는 데가 있다.[49]

라는 감탄의 시선을 보내고 있다. 그가 묘사하는 기생은 보통 쾌락의 장소에서 상상하기 쉬운 이국적이고 몽환적이며 자극적이고 화려한 느낌보다는 담백하고 소박하며 청결함이 강조되는 여성이다. 앞서 하마모토가 이지화에 빗대어 묘사한 평양기생도 "물욕과는 거리가 먼 로맨

---

46 대상에 뽑힌 박온실의 주소는 '평양부 모란대 오마키차야'로 되어 있어 그녀가 평양기생임을 알 수 있다. 주소 외에도 연령(19세) 신장(157센티미터), 체중(45킬로그램), 추천자(久保虹城)가 기록되어 있으며, 부상으로는 모던일본사가 주는 은제 컵, 와신 가네보의 후원으로 제작된 의상을 수여했다.

47 《모던일본 조선판》(2), 320쪽.

48 그 외 박온실을 미스조선으로 추천한 이유를 보면 '조선의 고전미' '조선의 옛 도자기 같은 아름다움' '전통적인 아름다움' '전통적인 미소'라는 수식어를 확인할 수 있다. (《모던일본 조선판》(2), 320~323쪽)

49 《모던일본 조선판》(1), 128쪽.

■ 야마가와 슈호, 〈기생의 미〉, 《모던일본 조선판》(1)　　■ 야마가와 슈호, 〈기생의 미〉, 《모던일본 조선판》(1)

틱한 정신과 숙명적인 인생관", "깊이 있고 인간적인 교양"[50]이 엿보이는
인물이었다. 그녀들은 지고지순하며 교양이 넘치는 존재로 묘사됨과
동시에 일본 남성들의 성적 욕망의 대상이 됨으로써 순수함을 침해당
하는 존재가 되었다.

50　《観光朝鮮》, 1939 · 8, p. 28.

이처럼 양 잡지는 조선 여성을 전면에 내세우는 것을 통해 조선의 '미'적 요소를 강조하여 조선이라는 공간을 표상했다. 한복 자태의 고상함, 부드러운 살결, 신비한 매력, 게이샤와는 다른 청초함 등은 '조선의 고전미'라는 수식어로 덧씌워지고 수많은 사진이나 일러스트 및 과장된 묘사가 이를 보조했다. 이러한 감성의 자극은 잡지 독자들에게 조선이라는 공간을 상상하는 강력한 동기로 제공되었다. 양 잡지가 주는 이러한 미적 요소는 이를 즐길 수 있는 상황에 놓여 있든 아니든 위압적인 시대 상황을 잊고 은밀한 개인의 욕망을 비일상의 공간에서 탐닉할 수 있게 했다.[51] 이는 잡지 안의 내용으로 가장 손쉽게 독자를 유인하는 조건들이었다고 볼 수 있다.

《관광조선》과 《모던일본 조선판》의 공통 기고자들은 주로 문학이나 예술계에 몸담고 있던 사람들로, 이들은 잡지 구성에 주도적인 역할을 했다. '조선 여행'을 매개로 수필, 여행기, 소설을 썼고 그림을 남겼으며 공연을 했다. 여행지 조선을 문학과 미술, 그리고 연극을 위한 무대로

---

51 1937년 중일전쟁 발발 이후 조선 내에서 모던라이프를 향유하기 어려운 상황이었음에도 불구하고 《관광조선》은 화려한 모습으로 등장했다. 이는 1930년대 중반 이후 왕성해진 대중적 소비문화가 1940년대에도 연장되고 있음을 보여 준다. 국가에서 제시한 '국민정신총동원'과 상관없이 여태까지 향유해 왔던 모던라이프를 조금이라도 지속하고 싶은 모라토리엄moratorium 현상의 단면이라고도 할 수 있다(宜野座菜央見, 《モダン・ライフと戰争－スクリーンのなかの女性たち》, 吉川弘文舘, 2013, p. 141). 기노사는 이러한 현상은 일본이 전쟁을 하는 데에 방해가 된 것이 아니라 오히려 전쟁을 장기화하는 데 사용되어 개인의 소비문화는 전쟁에 드는 막대한 비용에 대해 일본인의 비판의식을 마비시키는 역할을 했다고 언급한다.

삼았던 셈이다. 한편 양 잡지가 조선 여성을 매개로 드러내는 감성은 다수의 사람들이 경험적으로 공유하는 감정적인 공통성 같은 것이었다. 친근감이 있으면서도 아름답고 미숙하지만 순수한 감성의 자극은 독자들에게 조선에 대한 미적 상상력을 불러일으키기 쉬웠던 것이다.

제 10 장

'조선'을 향한 서로 다른 욕망

■ 아베 노부야阿部芳文(展也), (1913~1971), 《문화조선》 IV-1 속표지

앞서 살펴봤듯이 《관광조선》과 《모던일본 조선판》은 수많은 공통 인물의 그림과 글이 공존하는 장이었다. 양 잡지의 독자 유인책이 조선의 아름다운 기생이었던 것은 자명하다. 그러나 그것은 독자를 잡지의 세계로 끌어들이기 위한 도구에 불과하다. 화려한 시각자료들 사이에 잡지 편찬자들의 개별적 욕망이 깃들어 있다는 점을 간과해서는 안 된다.

《관광조선》은 일본여행협회 조선지부에서 발행한 만큼 일본인 필자가 주도하여 잡지의 내용을 이끌어 가고 있고, 조선인이 사장이었던 《모던일본 조선판》은 일본인 필자가 주를 이루지만 조선인의 목소리가 상당히 많이 수록되어 있다는 차이점이 있다. 또한 조선인, 재조일본인, 열도일본인, 재일조선인에 따라 각각 입장의 차이가 있다. 이 장에서는 이러한 차이가 잡지에 어떻게 녹아 있으며 제국주의 예찬 시국 아래에서 이들의 욕망이 어떻게 미끄러져 가는지 살펴본다.

《관광조선》의 욕망

식민 통치 이전부터 거주하던 일본인을 포함하여 식민 통치 이후 재조일본인 중에 짧게는 5년에서 길게는 30년 가까이 조선에 장기 거주한 사람이 대폭 늘어났다.[1] 1931년 말 51만 명이던 조선 내 일본인은 1942년 말 약 75만 명에 이르렀다. 11년간 약 24만 명, 연평균 약 2만 명이

---

1 木村健二, 《日本人物情報大系 第71卷(朝鮮編1)》, 皓星社, 2001, p. 464.

증가했다. 1935년과 1940년에는 각각 약 6만 명의 증가세를 보였다.[2] 이는 삶의 터전이 더 이상 열도가 아니고 한반도가 '고향'인 사람들이 많아졌음을 의미하기도 한다.

재조일본인들은 자신들이 조선에 존재하는 것에 대한 의미를 점검하고, 열도일본과의 관계를 새롭게 정비할 필요성을 느꼈다. 경성제국대 교수 스즈키 다케오鈴木武雄[3]는 〈〈관광〉 조선과 〈생활〉 조선〉에서 열도와 조선의 관계를 더 긴밀하게 유지해야 할 필요성과 관광을 매개로 한 구체적 실천에 대해 다음과 같이 이야기한다.

예를 들면, 우리 조선에 대해 생각해 보자. 우리는 너무나도 금강산이나 기생으로 대표되는 조선의 겉면만 소개해 왔다고 생각한다. 그것은 더없이 아름다운 조선의 보물이고 내지는 물론이거니와 세계 어디에 내놓아도 부끄럽지 않은 '관광' 조선의 자랑이다. 그리고 조선에는 금강산이나 기생이나 대동강처럼 소개되어야 하지만 아직도 소개되지 못하고 묻혀 있는 것도 많이 있을 것이다. 여기에 '관광' 조선 소개의 임무도 엄청나게 크다는 것을 말하지 않을 수 없고, 또 국제적으로 소개하려는 노력이 한층 바람직한 것이지만 여기에서 생각해

---

[2] 다카사키 소지, 《식민지 조선의 일본인들―군인에서 상인, 그리고 게이샤까지》, 이규수 옮김, 역사비평사, 2006, 152쪽.

[3] 스즈키 다케오(1901~1975)는 효고兵庫현 출신으로 제3고등학교를 졸업하고 1925년 도쿄제국대학 경제학부를 졸업했다. 1928년 경성제국대 조교수를 거쳐 1935년에는 교수가 되었다. 패전 후 귀환하여 1949년 무사시武藏대학 교수로 재직하다가 1957년 도쿄대 경제학부 교수를 역임했다.

보고 싶은 것은 일본과의 관계이다.

    조선으로서는 될 수 있는 한 다수의 내지인 관광객의 내유를 환영하는 것은 물론이다. 그리고 그런 관광객을 매개로 하여 진정한 조선의 모습도 전해질 것이다. (중략) 내선일체화 아래에서 대륙의 식민지가 아닌 제2의 내지로 소개되기 위해서 조선은 좀 더 현실적 생활적이 되지 않으면 안 된다. '관광'적인 면을 배척하는 것이 아니라 그 안에 담아 가야 할 것을 다시 조금 더 생각해 보고 싶다는 것이다.[4]

스즈키는 지금까지 조선의 정형화된 겉모습만 그려 왔던 형태를 탈피할 것을 주장하며 '생활조선生活朝鮮'에 대한 가치 발견의 중요성을 설파한다. 그는 열도의 일본인들이 여전히 조선 여행에는 '준비'와 '각오'가 필요하다고 인식하는 것, 설사 여행에 나서더라도 전형적인 외국 관광지의 이미지를 갖고 있다는 점을 안타까워한다. 이런 이유에서 일본인 독자들에게 '조선의 일상'을 최대한 이해 가능, 접근 가능한 것으로 제시하는 것을 잡지의 사명으로 여겼다.

    《관광조선》의 〈조선관광안내〉에는 "여행자에게 있어 '가깝고 먼' 느낌은 거리나 시간과의 관계에서 나오는 것이 아니라 여행지에 대한 무지나 불안감이 여행지가 멀다는 느낌을 갖게 한다"[5]고 설명하고 있다. 그러면서 조선의 언어와 음식에 대해 다음과 같이 안내한다.

---

4 《観光朝鮮》, 1940·3, p. 3.

5 《観光朝鮮》, 1939·6, p. 76.

《모던일본》 표지(1932 · 6)　　　　《관광조선》 1권 2호 표지(1939 · 8)

언어 조선에 가면 조선어를 모르면 불편하지 않느냐는 조선을 무슨
외국 취급하는 것 같은 황당한 질문을 받는다. 그런 것은 조선 교
육자의 노력을 인정하지 못하는 게 된다. 시골에서 길을 헤매게 된
다면 우선 초등학교를 찾는 것이 좋다.

음식 "조선에 가고 싶지만 여관에 머물려면 통조림을 준비하는 게 좋
을까"라고 말하는 사람들이 있다고 하는데 이건 너무 실례되는 이
야기가 아닌가. 일본인 여행자가 갈 만한 장소에 일본인 경영의 여
관, 식당, 카페 같은 시설이 없는 곳은 없다.[6]

조선에서 일본어 사용이 불편할 것이라는 일본인의 생각은 재조일본

6　《観光朝鮮》, 1939 · 6, p. 77.

인 교육자들을 무시하는 태도라는 섭섭함까지 드러낸다. 그리고 이미 일본인들이 조선 각지에 터를 잡고 상업 활동을 시작한 지가 오래인데 여행 시 통조림을 준비해 온다는 것은 너무한 것 아니냐는 한탄도 한다.

잡지는 여행자를 좀 더 현실적이고 생활적인 조선으로 초대하고자 했다. 열도의 일본인들이 알고 있는 조선이 이제 더 이상 '미지의 외지外地'가 아니라는 것이다. 현실적 생활조선을 알리려는 《관광조선》 편집 주체의 이와 같은 노력은 조선과 일본의 '관계'를 강조하고 그 안에 거주하는 일본인의 '가치'를 이야기하기 위함이었다.

《모던일본 조선판》의 추구

당시 '쇼와 모더니즘'의 분위기 하에서 '에로, 구로, 난센스[7]'를 표방하며 일본 대중문화의 경향을 담은 잡지들 속에서 《모던일본》은 모던계 잡지를 아우르는 종합지의 성격을 가지고 독자와 호흡한 독보적인 대중 잡지였다.

기쿠치 간은 1932년 《모던일본》 사장 자리를 맡길 정도로 마해송[8]을

---

[7] 관동대지진 이후 일본 사회에 퍼진 폐쇄감과 불안감에 의해 1920년대 중반부터 1930년대 전반기까지 모던보이와 모던걸이 등장하고 카페나 연극·영화·잡지·광고·문학, 그리고 기이한 범죄까지 등장하는 사회적 분위기를 가리킨다.

[8] 이러한 일본인의 두터운 신임은 곧 '친일'이라는 이름으로 남기 쉽기에 마해송의 일본에서의 활동이나 개인적인 기록을 접하기는 쉽지 않다. 마해송에 관한 연구는 곽형덕의 〈마해송의 체일시절 문예춘추, 모던일본에서의 행적을 중심으로〉(《현대문학의 연

▌《모던일본 조선판》(1) 표지(1939.11)　　　▌《모던일본 조선판》(2) 표지(1940.8)

신뢰했으며,[9] 마해송의《모던일본 조선판》출간에 있어 가장 큰 조력자
였다.[10] 기쿠치가 조선에 대해 아는 것은 '금강산', '기생' 정도였고 조선
인의 문학작품도 거의 접한 적이 없었다고 한다.[11] 그러나 조선을 방문

구》제3권, 한국문학연구학회, 2007)에 자세하다.

[9]　기쿠치는 "'모던일본'이라는 이름은 내가 붙였다. 하지만 그 내용이 정말로 '모던일본'
처럼 된 것은 마해송이 운영하고 나서부터이다. (중략) 편집자로서 문예춘추사에서 키
워 낸 사람으로서 마 군은 정말 우수한 인재임에 틀림없다(菊池寬,〈秋宵雜談〉,《モダン
日本》(特大號), 1934·10)"고 언급한다. 실제로 그가 조선에 대해 깊은 관심이 있었던
것은 아니었지만 마해송에 대한 신뢰를 바탕으로 조선판 간행의 적극적인 조력자가 되
었던 것으로 보인다.

[10]　이러한 이유에서 기쿠치가《모던일본 조선판》에 빈번하게 등장하는 것은 말할 것도 없
고《관광조선》2권 5호에서도〈신라의 진궁しらぎの眞弓〉이라는 수필을 게재한다.

[11]　《모던일본 조선판》(1), 106쪽.

하여 한 연설에서[12] 자신은 조선에 대해 잘 모르지만 조선인에 대해서는 잘 안다고 말한다. 그가 아는 조선인은 마해송을 비롯하여 자신을 찾아온 일본 유학 중인 '젊고 유능한 청년'들을 가리킨다.[13] 그에게 '조선'은 어떤 특별한 사람(마해송과 같은), 어떤 특별한 목적(제국주의 정책에 근거한 문필 활동)에 의해 열리는 이계異界였다.

마해송은 전쟁집중기 《모던일본》이 다른 국민잡지와 통합될 위기를 잘 극복했다.[14] 그는 《모던일본》의 다양한 기획을 통해 적자에 허덕이던 잡지사를 살려 나갔다. 그는 독자가 어느 지점에 반응하고 구매하는지에 민감했고 독자의 구미에 당길 만한 요소들을 삽입해 갔다.[15] 그 포인트는 대중의 표층적인 욕망과 흥미에 민감한 도시파적, 비개성적

---

12 기쿠치는 1930년대 중반에서 패전에 이르기까지 반도와 열도를 넘나들며 지속적으로 활동했고, 그가 비상시국에 예술가들이 동원되어야 한다고 주장했던 내용이 《관광조선》에 인용되어 있다.(《觀光朝鮮》, 1940·9, p. 86)

13 이들에 대한 기쿠치의 평가는 "말이나 표정 동작이 조선인답지 않은"(〈조선의 청년들〉, 《모던일본 조선판》(1), 125쪽), "박 군의 재능은 내 사고를 훨씬 뛰어넘는다"(〈조선의 청년들〉, 《모던일본 조선판》(1), 127쪽)는 것으로 마해송과 같은 유능한 젊은이들에게 관심을 두고 있는 것을 알 수 있다.

14 중일전쟁이 일어나고 언론 통제가 강화되는 1937년은 '출판 신체제'의 분기점이다. 1937년 9월 '국민정신총동원계획요강'이 발표된 날 내무성은 유력한 10개 잡지의 사장을 초대하여 요강의 취지를 설명하고 협력을 요청했다. 또 '총력전'에 대한 인식의 고조에 따라서 '국가총동원법'(1938)과 '전력국가관리법안'(1938)이 제정되어 경제 면에 있어서 국책협력이 요구되는데 이들 법안은 출판계 재편성에도 영향을 미쳤다.(日本雜誌協会 編, 《日本雜誌協会史第二部 戰中·戰後期》, 日本雜誌協会, 1969, p. 14; 山田安仁花, 〈《モダン日本朝鮮版》出版の背景をめぐって〉, 《異文化コミュニケーション論集》, 立教大学大学院異文化コミュニケーション研究科, 2016, p. 60)

15 《모던일본》은 마해송이 모던일본사의 사장으로 취임한 해인 1932년경부터 전쟁 색이 짙어지는 1942년경까지 꾸준히 여성의 상반신 그림이나 사진으로 장식되었다.(張ユリ, 〈雑誌《モダン日本》が構築した〈モダン〉-雑誌のブランド化と読者戦略〉, 《文学·語学》(211), 全国大学国語国文学会, 2014a, pp. 33-39)

인 편집 자세였다.[16] 임시 중간으로 《모던일본 조선판》을 구상할 때에도 이러한 일본 대중잡지의 성격과 조선이라는 공간을 접목시켜 식민지 조선을 새로운 시각으로 보게 하는 데 크게 기여했다. 과거 조선은 일본 문화를 바라보고 해석할 때 취하는 방식으로 다루어지지 못했다. 일본의 '외지'로서 정치적 요지, 산업기지, 미개발된 식민지라는 장소성을 지닌 이곳이 일본인들이 좋아하는 대중문화를 소비하고 향유할 수 있는 장소로 표현될 수 있다는 인식이 없었던 것이다. 《모던일본 조선판》은 일본에서 다루는 대중문화 현상 독법을 그대로 조선의 문화계에 접목함으로써, 열도일본인들로 하여금 그간의 식민지 조선 이미지에서 벗어난 완전히 새로운 공간, 즉 즐거운 공간으로서 재인식할 수 있는 계기를 마련했다.

다음은 출정을 나갔던 독자가 《모던일본 조선판》에 대한 감상을 잡지사에 보내온 내용이다.

조선의 경제적인 가치, 군사적인 지위는 새삼 왈가왈부할 것도 없을 것이다. 여러 가지 문제가 논의되어 왔고 또 그것에 대한 필요도 새삼스레 말할 것도 없다. 다만 문제는 그럼 어째서 모든 대중의 조선에 대한 관심을 증대시키기 위해서 이렇게 필요하고도 간단한 방법을 채택하지 못했냐는 것이다. 나는 조선판 간행이 왜 이렇게 늦었

---

16 川村湊, 〈馬海松と《モダン日本》〉 池田浩士 編, 《大衆の登場：ヒーローと読者の20〜30年代》, イザラ書房, 1998. p. 125.

는지 한탄하지 않을 수 없다. 이토록 중요한 문제에 대해서 왜 좀 더 일찍 일반에 널리 알릴 수 있는 방법을 강구하지 못했을까. 납득할 수 없을 정도로 이상하다. 아마 수많은 간행물이 발행되었을 것이다. 그러나 불행히도 대중의 한 사람인 나는 읽을 기회를 얻지 못했다. 그러한 의미에서도 《조선판》이 준 효과는 크다고 생각한다.[17]

즉, 기존에 조선에 대한 다양한 간행물들이 나왔지만 이만큼 대중을 섭렵할 만한 잡지를 만나지 못했다는 내용이다. 마해송은 이 독자편지를 통해 감동을 받았고 잡지인으로서 행복을 느낀다고 덧붙였다.[18] 그는 자신의 전략이 '통했다'고 생각한 것이다.

마해송은 잡지의 적극적인 필자가 되어 자신의 생각을 담고 있지는 않은데 문화계의 조선인 참여에 대한 부분에서만은 강렬한 의지를 표명하고 있다.[19] 따라서 조선인이 직접 일본인들을 향해 던지는 메시지가 이 잡지에서는 눈에 띤다. 특히 좌담회, 현상모집, 내선문답, 엽서회답 등의 코너를 통해 조선인의 생생한 목소리를 들을 수 있다. 이는 조선에 대한 기존의 통계자료나 정부의 시책, 정형화된 틀에서 벗어난 실제적 '감정'이 담긴 소리이다. 이들은 과거의 잣대로 조선을 보는 것이 아닌 새로워진 조선을 인식해 달라고 호소한다.

---

17 《모던일본 조선판》(2), 355쪽.
18 《모던일본 조선판》(2), 356쪽.
19 《모던일본 조선판》(2), 357쪽.

경성고공京城高工 교수인 안동혁은 "(일본의) 지식계급은 대부분 옛 조선에 동경과 애정을 느끼고 보통 사람은 조선의 생활풍속에 잔존하는 원시적인 풍모에 재미를 느끼는 것 같은데, 어째서 조선 민중의 현재적 호흡과 노력에 그다지 관심이 없는 것입니까?"[20]라며 '식민지가 아닌 제2의 내지'로 '현실·생활조선'에 집중하여 일본인이 현재의 조선에 대해 관심을 기울여 줄 것을 요구한다.

그리고 과거의 '조선'이라는 공간 인식에서 벗어나 새로워진 조선을 향해 열도일본인들이 취해야 할 태도에 대해서도 언급하고 있다. 《모던일본 조선판》의 〈내선문답〉 코너에서 송금선은 일본의 청년들이 조선에 대해 너무 모른다는 점을 강조하며 이는 현실 인식의 부족이라고 말하고 있다. 그리고 일본에서 보이는 교양 없는 노동자, 일부 불량 학생 등만을 보고 조선인 전체를 평가하는 것을 '폭력'이라고까지 표현한다.[21] 김기진도 조선 민중 생활의 변화에 대해 이야기하며 조선은 장래의 희망과 약진에 불타는 대중이 존재하는 공간이라고 표현한다.

최정희는 일본의 작가들에게 호소하고 있다. 그녀는 "어떻게 모르는 것에 대해 이해가 생기겠습니까. 어떻게 이해가 없는 것에 애정을 기대할 수 있습니까?"[22]라며 일본 문학자들이 조선을 방문하여 꼼꼼히 살펴본 다음 지금까지의 태도를 버리고 조선 문화에 진지하게 접근하기를

---

20 《모던일본 조선판》(2), 200쪽.
21 《모던일본 조선판》(2), 259~260쪽.
22 《모던일본 조선판》(2), 263쪽.

바라는 마음을 싣고 있다.

마해송을 비롯하여 여기에 실린 조선인들의 글은 열도의 일본인들에게 '새로운 조선'을 인식해 줄 것을 요구한다.

이향에서 떠도는 이방인들

이처럼 양 잡지는 열도일본인들을 향해 '새로운 조선'에 대한 이해를 촉구하고 있지만, 각각 다른 개인적인 욕망 또한 담고 있다. 잡지를 구성하는 주요 인물들은 기생, 배우, 조선의 유명 인사들과 같은 반도에 거주하는 조선인, 마해송·장혁주·김사량 등과 같은 열도에 거주하는 조선인, 일시적인 '여행'을 통해 조선과 만나는 열도일본인이거나 식민지 통치 이후 조선 거주 목적으로 건너온 재조일본인들이다. 양 잡지는 일견 제국주의 지향의 시류를 반영한 모던한 대중잡지라는 큰 범주 안에 있지만, 그 내부로 들어가 보면 각각이 지니는 '조선'을 향한 욕망이 자리 잡고 있음을 알 수 있다.

당시 도쿄에서 발행된 《모던일본》의 수장은 조선인이었고,[23] 경성에서 발행된 《관광조선》의 발행 주체는 일본인이었다. 이는 잡지의 실제

---

[23] 《모던일본》의 필자들은 상당히 마 사장을 의식하고 있었던 것 같다. 예를 들어 하마모토 히로시와 가토 다케오가 마해송의 고향이기에 방문했다는 점을 밝히는 것, 좌담회 등에 마해송이 함께 참여하여 의견을 발언하는 등 마해송은 《모던일본 조선판》 곳곳에 그늘처럼 존재한다.

적 방향이 어디에 맞춰져 있는지 알 수 있는 실마리를 제공한다. 한쪽은 '일본에 정주하는 조선인'이고 다른 한쪽은 '조선에 정주하는 일본인'이다. 이들은 각각 자신들의 고향인 조선과 일본에 대한 끊임없는 갈망과 그리움을 안고 있는 존재였다. 이들의 갈망과 그리움은 엄청난 자력으로 각자의 모국 문화와 사람을 끌어들이고 있다. 이러한 존재들의 역할은 이 잡지가 비슷한 유형과 성격을 가질 수밖에 없는 요인으로 작용했다. 그렇다면 이들은 무엇을 향하고 있는 것일까?

열도조선인의 욕망: 새로운 조선인에 대한 일본인의 이해

《관광조선》과 《모던일본 조선판》은 다양한 측면에서 상당한 유사성을 보이는 것이 사실이다. 그러나 이런 공통점을 걷어 내면 《모던일본 조선판》에서는 조선의 능력자들을 발굴하여 소개하는 내용이 눈에 띤다.

언론, 문예, 무용, 음악, 연극, 영화, 미술, 학계, 실업계 등 다방면에서 조선 및 일본 그리고 해외에서 뛰어난 재능을 발휘하고 있는 조선인들을 알리고자 하는 욕망이 보인다. 예를 들어 ①도쿄에서 활약하고 있는 반도인들 소개,[24] ②조선의 해외파 박사 소개,[25] ③국제적으로 활약하는 조선인들 소개,[26] ④'조선의 명사 100명'을 사진과 함께 소개,[27] ⑤조선

---

24 《모던일본 조선판》(2), 339쪽.

25 《모던일본 조선판》(2), 346~349쪽.

26 《모던일본 조선판》(1), 187쪽.

27 이는 반도에서 조선인들이 직접 추천한 사람들로 잡지가 구성되기 이전 조선의 각 신문을 통해 현상모집하여 100명을 선정한 결과이다. 조선인 수만 명이 응모하여 1등 1명(100원), 2등 5명(20원), 3등 20명(5원)을 뽑고 4등에게 모던일본 특선 그림엽서 1

의 산업계에서 유명한 10인 소개,[28] ⑥반도의 영화계를 짊어진 사람들[29]에 대한 소개, ⑦조선 미인 선발,[30] ⑧스포츠 방면에서 활약하는 인물 소개[31] 등, 조선의 특별한 사람들을 '발견'하여 '소개'하고 있다.

또 한 가지 특이점은 '조선인의 목소리'를 담았다는 점이다. 〈조선 백문백답〉[32]이나 〈내선문답〉 코너를 설정하여 조선인과 일본인이 서로에게 하고 싶은 말을 전하거나,[33] 〈조선여학생 좌담회〉[34]에서는 조선 여학생들과 기자가 한자리에 앉아 그녀들의 생활상을 이야기하고 있다. 더 나아가 일본인에 대한 반도인의 의견까지 담고 있다. 조선인에 대해 일본인이 어떤 오해를 하고 있는가에 대한 조선인들의 목소리를 담는다.

조선인들의 목소리에는 '이기적이다', '물욕이 많다' 하는 식으로 한두 가지 사례를 가지고 조선인 전체를 파악하지 말라는 내용, 나쁜 점만을 강조하는 것을 삼가 달라는 메시지,[35] 모든 면에서 서로 다르기 때문에 서로 다른 점은 인정하라는 내용, 일본인은 천박한 우월감을 버리고 조

세트를 제공하였다.(《모던일본 조선판》(1), 493~500쪽)

28 《모던일본 조선판》(2), 252~258쪽.

29 《모던일본 조선판》(2), 366~375쪽.

30 《모던일본 조선판》(2), 295쪽.

31 《모던일본 조선판》(2), 350~353쪽. 그 외에도 예술계뿐만 아니라 '반도는 스포츠 왕국'이라며 조선인들이 스포츠에 적합한 체형을 보유하고 있다면서 마라톤을 비롯한 육상경기, 농구 축구, 빙상, 권투, 자전거, 정구에 뛰어난 인물들을 거론하고 있다.(《모던일본 조선판》(2), 248쪽)

32 《모던일본 조선판》(2), 476~485쪽.

33 《모던일본 조선판》(2), 259~267쪽.

34 《모던일본 조선판》(2), 324~338쪽.

35 《모던일본 조선판》(2), 196쪽.

선인을 선입관 없이 솔직하게 대해 달라는 내용, 조선인이 예술 방면에서 수준이 높다는 점, 일본인은 조선 또는 조선인을 전체적으로 모르고 있다는 점, 조선인에게 '일본어를 잘한다'는 일본인의 칭찬이 어처구니가 없다는 점 등이다.[36]

이처럼 《모던일본 조선판》은 반도, 열도, 서양 등 지역을 불문하고 각지에서 활약하는 뛰어난 조선인을 드러내고자 했고, 문화적 다양성을 인정해야 하며 피식민지인이라는 편견을 버리고 동일한 인간으로 취급받기를 원하는 조선인의 목소리를 비교적 많이 담았다. 일본인이 조선인에게 갖는 스테레오타입의 부정적 이미지 해소가 그 내용의 중심에 있다.

반도일본인의 욕망: 문화 혼종의 위기적 존재로서의 자각

반도에 정주하는 일본인들이 발간한 《관광조선》 편집 주체의 욕망에 대한 내용은 이전의 장에서 수차례 다루어 온 바와 같다.

조선에 사는 일본인들은 조선이라는 생활공간에 익숙해져 가면서 열도일본인들과는 다른 삶을 살게 되었다. 조선 문화에 접촉하게 되고 가까이서 보고 들은 문화를 차용하면서 벌어지는 '문화 적응' 현상이 일어난 것이다. 이런 현상의 반복으로 인해 닮음과 위협이라는 체계 속으로 들어간 식민지 주체의 자기동일성의 권위는 약화되어 갔다.[37] 주로

---

36 《모던일본 조선판》(2), 196~202쪽에는 이효석, 김태준, 김동인, 신남철, 구본웅, 유진오 등이 인물들이 이야기하고 있다.

37 데이비드 허다트, 《호미바바의 탈식민적 정체성》, 139쪽.

도시지역에 거주하던 일본인은 스스로 일본인으로서의 정체성을 확고히 하기 위한 변명거리를 만들어야만 했던 것이다. 따라서《관광조선》의 글의 주도권은 완전히 일본인에게 있었고 조선인이 주체가 된 '조선인의 소리'는 없다. 오히려 '경성인', '평양인'과 같은 당시 사회와 문화를 이끌어 가는 일본인 주도 그룹에 대한 소개가 있을 뿐이다.

《관광조선》에서《모던일본 조선판》과 공통된 내용을 걷어 내면 거기에는 일본과는 타협 불가능한 것으로서 조선인의 삶과 문화가 존재한다. 원고 모집란에서는 조선의 색다른 풍경이나 유물·사적·관습·풍속 등 일반인들이 잘 모르는 '조선'에 대한 원고를 모집한다는 기사를 볼 수 있으며,[38] 조선 민속학자들의 활동의 장을 마련하거나[39] 조선의 원시적인 측면을 묘사하는 내용, 계절에 따라 즐길 수 있는 사냥터나 낚시터 등을 소개하고 있다.

즉, 그들이 사는 공간으로서의 조선과 그들 외부에 있는 조선인에 대한 구별이었다. 그들이 거주하는 조선은 일본과 다름없는 모던하고 활기 넘치는 곳이지만, 일본화되지 않은 다수 조선인들의 공간은 여전히 신비하고 이국적이며 원시적이라는 것을 드러낸다. 재조일본인들은 조선이라는 공간을 '내 것화'하기 위해 조선인들을 '그들'로 지시함으로써 '외국인화'하여 '그들'로부터 조선이라는 공간을 제거한다. 이와 같이《관광조선》은 제국주의의 실현 도구라는 목적을 충실하게 반영하는

---

38 《観光朝鮮》, 1939·6, p.88.

39 《관광조선》은 "반도를 알기 위해서는 민속 연구는 중요한 열쇠가 된다"(《観光朝鮮》, 1939·8, p.108)며 조선 전국의 가면무도, 가면연극, 농요, 민화 등에 주목하고 있다.

가운데, 다른 한편으로 재조일본인들의 일본열도를 향한 그리움, 그리고 조선 문화를 자신들의 그것과 구별함으로써 스스로를 '주인 집단'으로 특수화하려는 욕망을 반영하였다.

* * *

1939년 《관광조선》과 《모던일본 조선판》은 제국주의의 실천의 장으로서 활약했을 뿐만 아니라 동 시기의 '조선 문화'를 전달하며 열도일본 독자들의 삶을 끌어들이는 매체였다. 양 잡지의 공통항은 '조선'이었고 이것을 다시 '여행'이라는 주제와 행위를 통해 이미지 재구축을 시도했다. '여행의 반려'가 되고자 하는 목표를 지향했던 양 잡지는 비슷한 형식과 체재로 만들어질 수밖에 없었다.

　한편 양 잡지는 그토록 비슷한 성격을 함께 담으면서 각각 서로 다른 개인적 욕망을 드러냈다. 《모던일본 조선판》은 고유한 능력을 지니고 비약적으로 발전해 가는 현재 '조선인들의 가치'에 집중했고, 《관광조선》은 '평양인', '경성인'과 같은 일본인들의 주도 하에 변화 발전하는 '조선이라는 장소'에 집중했던 것이다. 아이러니하게도 조선을 주제로 하여 대중 섭렵을 목표로 한 양 잡지에서 조선의 대중은 보이지 않는다.

종장

'조선'이라는 공간 인식

■ 미야오 시게오, 《문화조선》 IV-4 속표지

일제 말기 조선이라는 공간은 일본 문화가 헤게모니를 쥔 상태로 존재했다. '조선의 일본화'는 소위 내지內地라고 불리는 열도의 일본인들보다는 재조일본인들이 매일매일 체감하는 상황이었다. 그러나 일본 주도적 시스템 속에서도 거기에 거주하는 일본인은 당시 조선 인구의 10퍼센트를 넘지 못했다. 조선은 헤게모니를 쥔 소수와 차별적 대상인 다수가 존재하는 기이한 공간이었던 것이다. 일본 문화가 주도하는데 일본인 수가 훨씬 적은 상황에서 일본과 다른 반도의 자연경관, 기후, 생활풍속 속에서 거주하는 일본인들은 초조하지 않을 수 없었다. 그 이유는 조선이 '일본화'되어 가기는 하지만 이에 대해 열도일본인들은 무관심했기 때문이다. 일본과 관계를 맺고 있던 사람들—재조일본인 및 일본식 교육과 문화의 영향을 받은 조선인들(조선, 일본 거주)—즉, '반도인'은 무언가로 열도일본 대중의 관심을 조선으로 돌려야만 했다.

그렇다면 무엇으로 이들을 끌어당겨야 하는가가 문제였다. 열도일본인들의 마음이 열도와 반도 사이의 거리를 인식하지 않도록 하는 장치가 절실했다. 여기에는 조선이라는 공간 인식의 재구성이 필요했다. 그러나 시대적 국면과 출판 상황은 잡지 편성 주체들의 바람과 상충되었다. 이처럼 순탄치 않은 출판 상황과 관광에 대한 제재에도 불구하고 1939년 《관광조선》은 감각적인 잡지로 탄생하였다.

《관광조선》은 그 이름만 보면 조선인이 중심일 것 같지만 그렇지 않다. 여기에는 문화를 경제적 자본화하는 요소가 바탕에 깔려 있으며, 일본인들이 '조선'이라는 주제로 어떻게 계급을 형성하며 조선인과 일본인이 다른지를 과시하는 장이었던 것이다. 재조일본인들은 자신들을 일본인답게(열도의 일본인과 같은) 만들어 주는 도구로 잡지를 이용했다.

잡지의 편집 주체는 반도인과 열도일본인의 연대감을 형성하기 위해 일본의 문화·예술·문학 분야의 전문가들을 초청하여 다양한 각도로 조선을 조명하며 긍정적 이미지를 이끌어 내려고 했다. 각 그림과 글의 주제는 다양한 것처럼 보이지만 이러한 구성의 핵심은 '조선과 일본을 어떻게 관련지을 것인가'였다. 열도일본인이 공유할 수 있는 공간으로 조선을 만들어 가고자 했던 것이다.

《관광조선》의 편집 주체가 조선을 소개하는 방법으로 사용한 것은 문화자본이다. 구체적으로는 조선 도시의 세련된 문화, 아름다운 여성에 대한 추구, 예술에 대한 심미적인 감각, 특별한 재능이 있는 사람에 대한 조명 등이다. 이는 경제적 조건이 충족되었을 때 추구할 수 있는 감각이지만, 이러한 사치 취향은 마치 자연적인 취향인 것처럼 가장되었다. 이는 일본 대중이 향유하는 《모던일본》을 모방함으로써 더 대중적인 것, 일반적인 것처럼 보이게 했다.

'여행'에 주목한 점도 같은 맥락에서 이해할 수 있다. 한국인의 여행은 삼국시대 이후 조선 후기까지 지식인들 중심이었다. 즉, 식민지 조선인 대중의 삶과 '여행'은 자연스럽게 연결될 수 있는 요소가 아니었다. 더구나 1930년대 말~1940년대 초 '관광 조선'이라는 말은 열도의 일본인에게도 일상적 감각으로 접근할 수 있는 단어와 내용은 아니었다. 이러한 속에서도 《관광조선》 편집진이 가장 강조하고자 했던 것은 여행을 통해 획득하게 되는 '조선≒일본'이라는 감각이었다.

이들은 인위적인 방법(초청)으로 열도일본인을 조선으로 끌어들였고, 이들의 경험담(소설, 수필, 기행문)을 통해 조선을 포장하고 좌담회를 개최하여 생생한 목소리까지 담고자 했다. 그리고 《모던일본》과 같은 일본 대중잡지를 모방·혼용하는 방법을 통해 열도일본인의 무관심의 대상이었던 조선을 '느껴지는 조선'으로 끌어올리고자 했다. 내용적으로는 '일본인의 일상'을 조선으로 끌어옴으로써 당시 조선인의 일상과는 다른 재조일본인들의 공간으로서 '조선'을 그렸다. '사람'과 그 사람의 '활동'을 중심으로 하는 구성을 취했던 것이다.

또한 《관광조선》은 열도의 대중독자를 섭렵하기 위한 장치임과 동시에, '반도인'들의 공간 획득을 위한 장치였다. 식민지 통치 기간이 30년에 이르는 시점에도 재조일본인에게는 '조선'이라는 공간이 온전한 일본이 아니라는 불안이 잠재해 있었고, 그렇다면 '자신들은 누구인가'라는 혼란이 생길 수밖에 없었다. 따라서 이러한 불안을 지속적이고 견고하며 안정감 있는 물리적인 공간으로서가 아닌, 계속 변하고 역동적인 상황을 통해 끊임없이 재구성되는 공간, 특수한 공간으로 조선을 상대화함으로써 해소하고자 했다. 그들에게 조선은 자신들의 거주를 통해 새롭게 만들어진 공간이었다. 이는 이전의 조선과는 다른 것이며 앞으로도 많은 변화를 통해 발전해 갈 것에 대한 기대가 담긴 장소였다. 그 때문에 '새로운 조선'에서 강조되는 것은 사람과 문화였고, 이는 조선(인)과 일본(인)이 만나서 변화하여 창출된 유동적인 것이었다. 이것은 다수의 조선인이 실제 삶을 영위하던 현실적 조선과 거리가 멀다. 즉, 일본적·근대적 요소를 구비하지 못하여 이 방면에서 소통이 불가능한 다수의 조선인은 이 공간에서 인정받지 못하는 이방인이자 간과

되고 침묵당하는 존재들이다.

《관광조선》은 이러한 재조일본인, 혹은 이들과 같은 것을 꿈꾼 조선의 지식인 혹은 문화인들의 시대적 불안을 표출하는 장이었다. 이 조선이라는 공간은 완전한 일본으로도 완전한 조선으로도 확신하지 못하는 사람들이 만들어 낸 그들만의 헤테로토피아Heterotopia*였던 것이다.

---

* 미셸 푸코의 공간 개념에 대한 인식으로 사회의 정상적·일상적 공간에 반하는 공간, 그것들을 지워 버리는 공간, 특수한 환경에 처한 사회의 구성원들이 머무르는 공간, 혹은 사회의 특정 구성원들이 속하는 공간을 뜻한다.(허경, 〈미셸 푸코의 '헤테로토피아'—초기 공간 개념에 대한 비판적 검토〉,《도시인문연구》3(2), 서울시립대도시인문학연구소, 2011, 242~243쪽)

자료

《관광조선》, 《문화조선》 출간 목록과 총목차

수록된 목차는 Ⅰ권~Ⅳ권은 국립중앙도서관 디지털컬렉션 소장본을, Ⅴ · Ⅵ권은 《《観光朝鮮》解説 · 総目次 · 索引》(森田智恵編, 2021 クレス出版, pp. 64-74)을 참고하여 필자가 번역 작성하였다.

		권 호		발행일
관광조선 觀光朝鮮	제I권	제1호(初夏創刊号)		1939년 06월
		제2호(新秋号)		1939년 08월
		제3호(深秋号)		1939년 10월
	제II권	제1호(新年特集号)		1939년 12월
		제2호(早春号)		1940년 03월
		제3호(芳春号)		1940년 05월
		제4호(清夏号)		1940년 07월
		제5호(爽秋号)		1940년 09월
		제6호(銀風号)		1940년 11월
문화조선 文化朝鮮	제III권	제1호(新年特別号)		1940년 12월
		제2호(玲春号)		1941년 03월
		제3호(佳春号)		1941년 05월
		제4호(青風号)		1941년 07월
		제5호(明秋号)		1941년 09월
		제6호(青雁号)		1941년 11월
	제IV권	제1호(新年特別号)		1942년 01월
		제2호(春雪号)		1942년 03월
		제3호(新綠号)		1942년 05월
		제4호(綠蔭号)		1942년 07월
		제5호(初冬号)		1942년 12월
	제V권	제1호(新春号)		1943년 01월
		제2호(淺春号)		1943년 04월
		제3호(初夏号)		1943년 06월
		제4호(盛夏号)		1943년 08월
		제5호(清秋号)		1943년 10월
		제6호(初冬号)		1943년 12월
	제VI권	제1호(早春号)		1944년 02월
		제2호(新綠号)		1944년 05월
		제3호(盛夏号)		1944년 08월
		제4호(初冬号)		1944년 12월

《관광조선》 I권 1호 (1939. 6)

《관광조선》 I권 2호 (1939. 8)

	콩트 하늘로 날아오르는 꽃コント 空翔ける花	吉村 晶子	78
	우스운 이야기笑い話		78
	관음보살비화 금강산 전설觀音菩薩秘話金剛山の傳說	前田 寬	81
	만주 긴자 시찰기滿洲銀座覗記	村山 雪二	84
도시의 풍모	원산元山	秋漠	87
조선민속야화	신녀기담神女綺談	秋葉 隆	88
	민속무도쇄담民俗舞蹈瑣談	宋錫夏	90
	「속담」잡기「ことわざ」雑記	金素雲	92
	해인사와 대장경경판海印寺と大藏經經版	森田 芳夫	94
	장고봉과 관광張鼓峯と觀光	田中 鐐四郎	98
	금강산 탐승 안내金剛山探勝手引	編輯部	100
	관광 어나운스멘트	編輯部	104
	편집후기, 판권지		108

《관광조선》 I권 3호 (1939. 10)

구분	내용	필자	쪽수
특집사진	추강소역秋江小駅	경주의 가을, 신라제慶州の秋 新羅祭	흥아의 기지 반도산업의 생태興亜の基地·半島の産業の生態	심창이여 안녕深窓よ左様なら	대륙신간선「만포선」大陸新幹線「滿浦線」| 지도 역시 즐겁고地図もまた愉し		
	여행의 인간학旅の人間学	尾高 朝雄	2
청구수상	경성유기京城遊記	飯島 滋次郎	4
	경주慶州	德野 鶴子	5
청구수상	기생의 여론妓生の輿論	朴尚僖	5
	고추와 바가지唐辛子と匏	横井 迦南	6
	무열왕릉武烈王陵	真田 龜久代	7
	조선의 가면연극무도朝鮮の假面演劇舞蹈	宋錫夏	8
	조선의 전가朝鮮の田家	遠田 運雄	13
	경성 여자 3제京城女三題	湯浅 克衛	14
	「춘향전」여행과 경성「春香傳」の旅と京城	秋田 雨雀	18

만화가의 여행	조선 · 여행의 심심풀이朝鮮 · 旅のつれづれ	小野 佐世男	70
	만포선요약기滿浦線抜き書き	山部 珉太郎	74
	추색 국경 도회秋色国境図繪	鴨居 悠	78
	압록강 단창鴨緑江短唱	田中 初夫	81
	운암 · 석불사를 방문한다雲崗 · 石佛寺を訪ふ	大木 春二	82
도시의 풍모	개성開城	趙熙春	85
	관광고지판観光告知板		86
	편집후기, 판권지		90

	하늘은 겨울의空は冬の	井澤 巨明	95
	겨울 온천장冬の温泉場	編輯部	96
	대륙일순기大陸一巡記	福田 清人	98
	북경의 세기北京の世紀	服部 亮英	104
도시의 풍모	전주全州	加島 進	107
	겨울은 스키冬はスキー	飯山 達雄	108
	지도 역시 즐겁고, 열차시간표, 관광고지판		111
	편집후기, 판권지		114

《관광조선》 II권 2호 (1940. 3)

구분	내용	필자	쪽수
특집사진	물이 따뜻해지다水ぬるむ ┃ 소록도의 봄小鹿島の春 ┃ 이른 봄의 북조선 내륙지방早春の北鮮奥地 ┃ 김의 향기海苔の香 ┃ 봄에 보내는 반도 영화春に送る半島映画		
	「관광」조선과「생활」조선 「観光」の朝鮮と「生活」の朝鮮	鈴木 武雄	2
광춘 2제光春二題	불국사까지佛國寺まで	島木 健作	4
	나와 스키僕とスキー	石川 達三	7
조춘 수상	삼방협의 눈三防峽の雪	道田 昌彌	10
	한 줄기 끈一本の縄	金八峯	12
	신라 진흥왕순수비新羅真興王巡狩碑	馬淵 秀雄	12
조춘 수상	조선의 얼굴朝鮮の顔	村上 美里	14
	방화수류정訪花随流亭	井関 保	14
	반도의 음조半島の音調	高木 東六	16
완결소설	고향에 대하여故郷について	湯浅 克衛	20
	경부선의 봄京釜線の春	三木 弘	25
	화전민의 생활火山民の生活	泉 靖一	26
	화전민 부락火田民部落	伊藤 忠次	29
	반도에 대한 회상半島への回想	日野 草城	32

《観光朝鮮》 II권 4호 (1940. 7)

《관광조선》 II권 6호 (1940. 11)

개제 《문화조선》 III권 1호 (1940. 12)

구분	내용	필자	쪽수
특집사진	어촌의 새벽漁村曙 ┃ 평양平壤 ┃ 눈 덮인 대동강白銀の大同江 ┃ 명태 어업明太魚漁業		
	기원 2600년 봉축 기념 현상 입선자 성명 발표		
	그림池上秀畝, 柚木久太, 東鄕靑兒, 三岸節子		2~8
	개제 「문화조선」이라는 말改題「文化朝鮮」の言葉	武內 愼一	9
신춘수상新春隨想	조선 고도부朝鮮古都賦	田中 初男	12
	차가운 항구寒い 港	川端 陽三	14
신춘수상	그리운 남조선なつかしき南鮮	山部 珉太郎	15
	푸르고 아름다운 북안碧く 美しい北岸	相川 美知	16
신춘수상	눈 오는 날 생각하다雪に想ふ	馬淵 秀雄	17
	석왕사釋王寺	宮尾 しげを	19
완결소설	조춘早春	湯淺 克衛	20
	생명의 강生命の川	川上 喜久子	24
	국기国旗	濱本 浩	28
	눈이 얕아雪浅し	山田 凡二	33
	신년초두「반도를 깊이 생각하다」 新年初頭「半島を想ひ推す」	内地作家 三十九氏	34
신체제의 봄	내일을 향한 길明日への途	日淺 不加之	34
	반도학단소묘半島學壇素描	朴致祐	36
	일체에 대한 구상一體への構想	高須 敬子	39
	조선의 좋은 점朝鮮よいとこ	小野 佐世男	42
	주을소묘朱己素描	李孝石	46
	어촌의 새벽漁村曙	小川 沙起子	49
	「어촌의 새벽」 반도 해안선을 가다 「漁村曙」半島海岸線を往く	水島 謙	50
	수락산水落山	加藤 小林人	57
	「나의 견문」 조선의 경신당「私の見聞」朝鮮の庚申堂	芳茗園 主人	58
	조선의 정월朝鮮のお正月	綴方報告隊	60

《문화조선》 III권 2호 (1941. 3)

《문화조선》 III권 3호 (1941. 5)

《문화조선》 III권 4호 (1941. 7)

구분	내용	필자	쪽수
사진	제주도濟州道		
	여행旅	戸澤 鉄彦	2
청풍주편靑風珠篇	북조선의 앵속화北鮮の罌粟の花	白鳥 省吾	4
	개성 그 외開城その他	寺崎 浩	7
	역사歷史	天久 卓夫	9
녹음수상綠陰隨想	전망차의 창展望車の窓	村岡 饒	10
	「나와 여동생」「私と妹」	岡林 直枝	11
	갈월본 이솝 이야기葛月本伊会保物語	中尾 清	12
녹음수상	명아주あかざ	富田 千津子	14
	환희의 노래歡喜の唄	尼ケ崎 豊	15
	목포의 추억木浦の思い出	川上 喜久子	16
	달맞이꽃月見草	大塚 楠歐	19
특별 읽을거리特別読物	남쪽의 나라로南の国へ	潁田島 一二郎	20
	부전고원의 여름 패랭이꽃 오두막赴戦高原の夏 なでしこ小屋	津谷 芳翠	24
	신인풍토新人風土		27/80
	푸른 금강산綠の金剛山	茨木 猪之吉	28
특집 제주도	제주도를 이야기하다濟州島を語る	今村 鞆	32
	제주도의 민속濟州島の民俗	秋葉 隆	38
	제주도의 민요濟州島の民謡	趙潤齊	41
	제주도의 지질濟州島の地質	立岩 嚴	44
	제주도의 식물濟州島の植物	竹中 要	48
	제주도의 곤충濟州島の昆虫	石宙明	52
	제주도의 육지 동물濟州島の陸の動物	森 為三	55
	제주도의 바다 동물濟州島の海の動物	上田 常一	59
	한라산 등산漢拏山の登山	飯山 達雄	62
	제주도를 돌다濟州島を巡る	水島 謙	64

《문화조선》 III권 5호 (1941. 9)

《문화조선》 III권 6호 (1941. 11)

《문화조선》 IV권 1호 (1942. 1)

	영화 조선 영화에 대해映画 朝鮮映画のこと	秦猛	80
	겨울날의 시冬日近詠	佐藤 眉峰	81
	조선의 겨울 산을 이야기하다朝鮮の冬山を語る	北洲 山人	82
	미쓰코시 내 안내소 방문기三越内案内所訪問記	岡田 龍夫	86
	여행상담	東亞旅行社 朝鮮支部	88
	편집후기, 판권지		90

《문화조선》 IV권 2호 (1942. 3)

구분	내용	필자	쪽수
특집사진	황해 지역 광산업黃海地域鑛産 ｜ 기주광산箕州鑛山 ｜ 겸이포제철소兼二浦製鉄所 ｜ 옹진금산甕津金山 ｜ 시멘트공장セメント工場		
	조선 인식의 중점朝鮮認識の重点	倉島 至	2
	구로키 해군 대령에게 듣다黒木海軍大佐に聴く		4
	반도의 명랑색을 논하다半島の明朗色を論ず	新居 格	8
	남진南進	板垣 喜久子	11
전하수상戰下隨想	전승의 희우戦勝の喜憂	大久保 弘一	12
	바다 저편海のかなた	伊達 平野	13
	등산가登山者	尼ヶ崎 豊	14
전하수상	여행에서旅にて	大橋 恭彦	17
	시노다 경성대 총장을 이야기하다篠田城大総長を語る	石森 久彌	18
	겨울여행冬の旅	黒田 初子	20
완결소설	부인지도자婦人指導者	湯浅 克衛	24
	반도광업잡기半島鑛業雑記	橋本 正之	28
	엄동설한의 「수풍댐」厳寒下の「水豊ダム」	城 昌樹	32
	인천과 러일 개전仁川と日露開戦	大津 信之助	38
특집 황해 지역의 광산업 特輯 黃海地域の鉱産	텅스텐 기주광산タングステンの箕州鉱山	水島 謙	42
	연과 아연이 나오는 금산鉛と亜鉛の出る金山	山部 珉太郎	46

《문화조선》 IV권 3호 (1942. 5)

구분	내용	필자	쪽수
	뷰로 신설안내소역방기ビューロー新設案内所歷訪記	本田 周吉	82
	교통 도덕과 운송 통제交通道德と輸送統制	田中 敏治	86
	문화조선 수첩文化朝鮮手帖	編輯部	90
	여행상담	東亞旅行社 朝鮮支部	94
	편집후기, 판권지		96

《문화조선》 V권 1호 (1943. 1)

구분	내용	필자	쪽수
사진	조선의 면양朝鮮の緬羊 ∣ 북선 과학박물관北鮮科学博物館 ∣ 쓰다 쓰요시 씨 津田剛氏		
	조선 형제朝鮮兄弟	尾高 朝雄	2
	목단대牡丹台	石坪 嚴	4
	장수산행長寿山行	未田 晃	5
	행복한 조선幸福な朝鮮	梅崎 勤	6
	수풍댐 이야기 등水豊ダムのことなど	湯浅 克衛	8
	살아 있는 경성生きている京城	保高 德藏	10
	선만화행鮮滿画行	赤城 泰舒	12
	경성에서의 감상京城での感想	楠田 敏郎	14
	풍설의 철로風雪の鉄路	三根 謙一	15
	반도의 아침半島の朝	尼ヶ崎 豊	16
	연에 대하여凧に就て	みやち こうきち	18
	패성부浿城賦	朱永涉	19
	반도문학에 대하여半島文学に就て	田中 英光	20
	명정전과 명정문明政殿と明政門	小川 敬吉	22
	선전으로 둥지를 떠나는 것鮮展に巣立つもの	村上 美里	25
	조선지명 야화朝鮮地名夜話	鈴木 駿太郎	26
	문단점묘文壇点描	金鍾漢	29

《문화조선》 V권 2호 (1943. 4)

《문화조선》 V권 3호(1943. 6)

《문화조선》 V권 4호 (1943. 8)

《문화조선》 V권 5호 (1943. 10)

《문화조선》 V권 6호 (1943. 12)

구분	내용	필자	쪽수
사진	경성호국신사京城護国神社 │ 반도학도출진半島学徒出陣		
	훈련에 대하여訓練について	佐藤 作郎	2
	조선 농업에 있어서 물의 문제 朝鮮農業に於ける水の問題	桐生 一雄	4
	반도소국민문화半島少国民文化	大石 運平	7
	조선에서 처음으로 만들어진 책 朝鮮にはじめて出来た本	黒部 健	9
	조선에 있어야 할 농민의 길朝鮮にあるべき農民の道	重松 誼修	10
	거대 역사巨き歴史	品川 陣居	11
	조선수전기원고朝鮮水田起源考	新木 朔吉	12
	조용한 국토静かなる国土	日高 一雄	13
	반도학도의 결의를 듣는 좌담회 半鳥学徒の決意を訊く座談会		14
	가라 청년학도征け青年学徒		20
	홍소哄笑	杉本 長夫	21
	교통국신생과 수송전의 현 단계 交通局新生と輸送戦の現段階	城井 隆男	22
	수풍으로 가서水豊へ行きて	森田 元子	25
	조선 화각장 공예에 대하여朝鮮の華角張工藝について	濱口 良光	26
	고저근교庫底近郊	水谷 清	29
	반도 문화소식半島文化消息	白川 保	30
	북만의 광야에 도전하는 젊은 반도의 개척사 北満の曠野に挑む若き半島の開拓士	松井 義之	32
	문화조선 수첩	編輯部	38
	소형 용광로小型熔鉱炉	山部 珉太郎	42
	반도의 신영화 「거경전」半島の新映画「巨鯨傳」		47
	동아교통공사의 발족東亜交通公社の発足		48
	전주와 군산 방문기全州と郡山訪問記	榴木 ちえ	50
	일본해에서 거경을 추격하다日本海に巨鯨を追う	趙宇植	52

	결전하 여행준비집(하)決戰下旅行心得帖(下)	若木 元生	58
	알려지지 않은 온천知られざる温泉	上野 孝	60
	오하기와 송편おはぎと松片	宮崎 清太郎	62
	여행상담	東亞旅行社 朝鮮支部	67
	판권지		68

《문화조선》 VI권 1호 (1944. 2)

구분	내용	필자	쪽수
사진	조선산 비행기를 결전의 하늘로鮮産機を決戰の空へ	반도학병의 출격일半島学兵のいで立つ日		
	신춘단상新春断想	長屋 尚作	2
	조선에 있어서 전력朝鮮における電力	高月 哲	4
	용광로熔鉱炉	江口 敬四郎	7
	반도문화의 방향すめら半島文化の方向	木戸 耕三	8
	몸빼もんぺ	みやぢ こうきち	12
	반장일기班長日記	原口 英	12
	황국백성皇御民	椎木 美代子	13
	정벌하는 장검征く太刀	菊池 月日子	15
	외인 일본황실관外人の日本皇室観	杉山 省三	16
	온돌溫突(おんどる)	野村 孝文	18
	응집하는 생산혼凝集する生産魂	今田 慶一郎	23
	전시 하 반도통신戦下半島通信	編輯部	24
	조선 현부전朝鮮賢婦傳	李東珪	28
	항공기 증산과 반도航空機増産と半島	中川 大佐	31
	젊은 독수리의 기지若鷲の基地	後藤 一彦	33
	하늘空	則武 三雄	34
항공결전과 반도 특집 航空決戦と半島特輯	조선산 비행기가 날아가는 곳 鮮産飛行機の飛び立つところ	山部 珉太郎	36

《문화조선》 VI권 2호 (1944. 5)

《문화조선》 VI권 3호 (1944. 8)

	탄광에서 일하다炭鉱に働く	南郷 舜一	32
	여자 짐꾼女仲仕	吉田 晃	34
	여자청년지도자女子青年指導者	榴木 ちえ	37
	조선군 여자 OO대원朝鮮軍女子OO隊員		39
	탈곡기脱殻機	林 敏夫	40
	목조선木造船	金基昶	41
	농가農家	野村 孝文	42
	조선 연구의 성과朝鮮研究の成果	桜井 義之	45
	전시 하 반도통신	編輯部	48
	반도의 젊은 무사를 방문하여半島の若武者を訪ねて	清水 重雄	50
	한 페이지 소설 어린 사람들과一頁小說 幼き物達と	奥平 修一郎	53
	남조선의 섬들南鮮の島々	寺本 寬	54
	조선의 신간朝鮮の新刊	岸加 四郎	58
	전시 교통벽 신문	編輯部	59
	교통문답	編輯部	61
	반도의 신영화半島の新映画		62
	양지日だまり	則武 三雄	63
	판권지		67

《문화조선》 VI권 4호 (1944, 12)

구분	내용	필자	쪽수
사진	전투하는 반도응징사戰う半島應徵士｜생활초生活抄｜돌관공사突貫工事｜ 전시 하 반도사진戰下半島写真		
	반도와 징용半島と徴用	鈴木 武雄	2
	선극인상鮮劇印象	食満 南北	4
	애국반愛国班	菊池 月日子	5
	계속되는 것継ぐもの	湯淺 克衛	6
	가도를 이야기하다歌道を説く	宮原 眞太	7

■ 본서를 구성하기 위해 저본이 된 필자의 논문은 다음과 같고, 이하의 원고를 기반으로 수정 보완하여 각 장을 완성하였다.

〈근대 관광잡지 《관광조선》의 탄생〉, 《동아시아문화연구》46, 동아시아문화연구소, 2009·11.

〈근대 관광잡지 《관광조선》의 대중을 향한 메시지〉, 《일어일문학》52, 대한일어일문학회, 2011·11.

〈《관광조선》의 '문학'의 전략성―〈완결소설〉란의 김사량 소설을 통해〉, 《日本語文學》3, 한국일본어문학회, 2012·06.

〈《관광조선》에 나타난 '재조일본인'의 표상〉, 《日本文化研究》44, 동아시아일본학회, 2012·10.

〈식민지 '문화 전시의 장'으로서 《관광조선》〉, 《일본어문학》62, 일본어문학회, 2013·08.

〈일제 말 창간 잡지 《관광조선》의 환기된 조선·조선인〉, 《일본어문학》73, 일본어문학회, 2016·05.

〈일제강점기 미디어를 통해 본 여행지로서 평양과 평양인〉, 《통일인문학》66, 인문학연구원, 2016·06.

〈식민지 일본인의 문화 혼종 극복의 장으로서 《관광조선》〉, 《日本文化研究》59, 동아시아일본학회, 2016·07.

〈월경(越境)하는 '조선'―《관광조선》과 《모던일본 조선판》의 사이에서〉, 《日本學》43, 동국대학교일본학연구소, 2016·11.

〈일제 말 대중잡지에서 보이는 '조선'이라는 공간인식―《관광조선》과 《모던일본 조선판》을 중심으로〉, 《日本語文學》73, 한국일본어문학회, 2017·06.

참고문헌

곽형덕, 〈마해송의 체일시절-문예춘추 모던일본에서의 행적을 중심으로〉, 《현대문학연구》33, 한국문학연구학회, 2007.

기욤 르 블랑, 《안과 밖》, 박영옥 옮김, 글항아리, 2014.

김계자, 《근대 일본문단과 식민지 조선》, 도서출판 역락, 2015.

김명철, 《여행의 심리학》, 어크로스, 2016.

김화선, 〈모던 일본 조선판에 나타난 '조선적인 것'의 형상화 전략: 일본인 작가의 소설,〉《現代文學理論硏究》(44), 현대문학이론학회, 2011.

김혜연, 《한국근대문학과 이중언어 연구─김사량을 중심으로》, 국학자료원, 2012.

다카사키 소지, 《식민지 조선의 일본인들─군인에서 상인, 그리고 게이샤까지》, 이규수 옮김, 역사비평사, 2006.

데이비드 허다트, 《호미바바의 탈식민적 정체성》, 조만성 옮김, 앨피, 2011.

레이 초우, 《원시적 열정─시각 섹슈얼리티, 민족지, 현대중국영화》, 정재서 옮김, 이산, 2010.

마정미, 《광고로 읽는 한국사회문화사》, 개마고원, 2005.

문경연, 〈일제말기 극단 신협의 〈춘향전〉 공연양상과 문화 횡단의 정치성 연구〉, 《한국연극학》(40), 한국연극학회, 2010.

문경연, 〈《文化朝鮮》(1939-1944)의 미디어 전략과 제국의 디스플레이〉, 《한국문학연구》(46), 동국대학교한국문학연구소, 2014.

박광현, 〈유아사 가쓰에 문학에 나타난 식민 2세의 조선〉, 《일본학보》 61(2), 한국일본학회, 2004.

박광현, 〈'재조선(在朝鮮)' 일본인 지식 사회 연구─1930년대의 인문학계를 중심으로〉, 《일본학연구》(19), 단국대학교일본연구소, 2006.

박광현, 〈조선문인협회와 '내지인반도작가'〉, 《현대소설연구》(43), 한국현대소설학회, 2010a.

박광현, 〈조선거주 일본인의 일본어 문학의 형성과 (비)동시대성 -《韓半島》와 《朝鮮之實業》의 문예란을 중심으로 - 〉, 《일본학연구》(31), 단국대학교 일본연구소, 2010b.

방민호, 《일제말기 한국문학 담론과 텍스트》, 예옥, 2011.

삐에르 부르디 외, 《구별짓기─문화와 취향의 사회학 상》, 최종철 옮김, 새물결, 2005.

서기재, 〈일본근대 〈여행안내서〉를 통해서 본 조선과 조선관광〉, 《일본어문학》(13), 한국일본어문학회, 2002.

서기재, 〈高浜虛子의 《朝鮮》연구─여행안내서로서의 의의〉, 《일본어문학》(16), 한국일본어문학회, 2003.

서기재, 〈관광의 역사와 문헌을 통한 한국 근대 관광 고찰〉, 《Asia Diaspora》(2), 건국대학교 아시아디아스포라 연구소, 2008.

서기재, 〈근대 관광잡지 《관광조선》의 탄생〉, 《동아시아문화연구》(46), 한양대학교 동아시아문화연구소, 2009a.

서기재, 〈《国民文学》을 통하여 본 한일 작가의 표상〉, 《日本語文学》, 한국일본어문학회, 2009b.

서기재, 〈근대 관광잡지 《観光朝鮮》의 대중을 향한 메시지〉, 《일어일문학》(52), 대한일어일문학회, 2011a.

서기재, 《조선여행을 떠도는 제국》, 소명출판, 2011b.

서기재, 〈《관광조선》의 '문학'의 전략성―〈완결소설〉란의 김사량 소설을 통해〉, 《일본어문학》(53), 한국일본어문학회, 2012a.

서기재, 〈《관광조선》에 나타난 '재조일본인'의 표상―반도와 열도일본인 사이의 거리〉, 《일본문화연구》(44), 동아시아일본학회, 2012b.

서기재, 〈식민지 '문화 전시의 장'으로서 《관광조선》〉, 《일본어문학》(62), 한국일본어문학회, 2013.

서기재, 〈식민지 일본인 문화 혼종 극복의 장으로서 《관광조선》〉, 《일본문화연구》(59), 동아시아일본학회, 2016a.

서기재, 〈일제 말 창간 잡지 《관광조선》의 환기된 조선 조선인〉, 《일본어문학》(73), 일본어문학회, 2016b.

서기재, 〈일제강점기 미디어를 통해 본 여행지로서 평양과 평양인〉, 《통일인문학》(66), 인문학연구원, 2016c.

서기재, 〈월경(越境)하는 '조선'―《관광조선》과 《모던일본 조선판》의 사이에서'〉, 《일본학》(43), 동국대학교 일본학연구소, 2016d.

서기재 외, 《디아스포라 지형학》, 앨피, 2016e.

서기재, 〈일제 말 대중잡지에서 보이는 '조선'이라는 공간인식―《관광조선》과 《모던일본 조선판》을 중심으로〉, 《日本語文學》(73), 한국일본어문학회, 2017.

서동주, 〈1938년 일본어 연극 〈춘향전〉 조선 '귀환'과 제국일본의 조선 붐〉, 《동아시아고대학》(30), 동아시아고대학회, 2013.

슈뢰르마르쿠스, 《공간, 장소, 경계》, 정인모·배정희 옮김, 에코리브르, 2010.

와카쿠와 미도리, 《전쟁이 만들어낸 여성상》, 손지연 옮김, 소명출판, 2011.

와타나베 나오키 외 편, 《전쟁하는 신민, 식민지의 국민문화―식민지말 조선의 담론과 표상》, 소명출판, 2010.

이규수, 〈재조일본인의 추이와 존재형태〉, 《역사교육》(125), 역사교육연구회, 2013.

이진경, 《근대적 시공간의 탄생》, 그린비, 2012.

이태호, 〈도쿄미술학교 우등생이 친일에도 우등〉, 《친일파 99인 · 3》, 반민족문제연구소, 1993.

조성운, 〈戰時體制期 日本視察團 研究〉, 《史學研究》(88), 韓國史學會, 2007.

조성운, 〈1910년대 식민지 조선의 근대 관광의 탄생〉, 《한국민족사연구》(56), 한국민족사학회, 2008.

조성운, 〈일제하 조선총독부의 관광정책〉, 《동아시아 문화연구》(46), 한양대학교동아시아문화연구소, 2009.

조성운, 〈1930년대 식민지 조선의 근대관광〉, 《한국독립운동사연구》(36), 독립기념관 한국독립운동사연구소, 2010.

천정환, 《근대의 책읽기》, 푸른역사, 2003.

최원오, 〈한성, 경성, 서울의 역사적 변천에 따른 공간인식과 서울사람에 대한 인식 변화〉, 《기호학연구》(26), 조선기호학회, 2009.

최혜실, 〈1930년대 도시소설의 소설 공간〉, 《현대소설연구》(5), 조선현대소설학회, 1996.

하야시히로시게, 《미나카이백화점》, 김성호 옮김, 논형, 2007.

한경수, 〈조선후기의 관광에 관한 연구〉, 《관광경영연구》3(1), 관광경영학, 1999.

한상일 · 한정선, 《일본, 만화로 제국을 그리다》, 일조각, 2008.

허경, 〈미셸 푸코의 '헤테로토피아'-초기 공간 개념에 대한 비판적 검토〉, 《도시인문연구》3(2), 서울시립대도시인문학연구소, 2011.

모던일본사, 《일본잡지 모던일본과 조선 1939-영인 〈모던일본〉 조선판 1939년》, 한일비교문화연구센터, 어문학사, 2007.

모던일본사, 《일본잡지 모던일본과 조선 1939》, 윤소영 외 옮김, 어문학사, 2007.

모던일본사, 《일본잡지 모던일본과 조선 1940》, 홍선영 외 옮김, 어문학사, 2009.

홍선영, 〈기쿠치 간과 조선예술상 '제국'의 예술제도와 히에라르키〉, 《日本文化學報》(50), 한국일본문화학회, 2011.

금성출판사, 〈김인승 연보〉, 《한국근대회화선집》(2), 금성출판사, 1990.

한국민속대백과사전〉 http://folkency.nfm.go.kr/minsok/dic_index.jsp (검색일 2010년 11월 11일 20:11)

赤井正二, 〈旅行の近代化と〈指導機関〉―大正·昭和初期の雑誌《旅》から-〉, 《立命館

産業社会論集》44(1), 立命館大学産業社会学会, 2008.

安倍能成,《青丘雑記》, 岩波書店, 1932.

有山輝雄,《海外観光旅行の誕生》, 吉川弘文館, 2002.

今井晴夫,《朝鮮之観光》, 朝鮮之観光社, 1939.

任展慧,〈張赫宙論〉,《文学》(11), 岩波書店, 1965.

海野弘,〈菊池寛と〈モダン日本〉の時代〉,《Tokyojin》23(7), 都市出版, 2008.

大村益夫,《国民文学　別冊・解題・総目次・索引》, 録陰書房, 1998.

改造社,〈第五回懸賞創作当選発表〉,《改造》14(4), 改造社, 1932.

片山宏行,〈菊池寛の朝鮮〉,《異郷の日本語》, 社会評論社, 2009.

亀岡栄吉,《四季の朝鮮》, 朝鮮拓殖資料調査会, 1926.

北川勝彦 他,《帝国意識の解剖学》, 世界思想社, 1999.

宜野座菜央見,《モダン・ライフと戦争-スクリーンのなかの女性たち》, 吉川弘文館, 2013.

金尾種次郎,《新日本見物 台湾・樺太・朝鮮・満洲・青島之卷》金尾文淵堂, 1918.

川村湊,〈馬海松と《モダン日本》〉池田浩士 編, 《大衆の登場:ヒーローと読者の
　　20～30年代》, イザラ書房,　1998.

菊池寛,〈モダン日本に就いて〉,《モダン日本(創刊號)》, 文藝春愁社, 1930.

菊池寛,〈秋宵雑談〉,《モダン日本》(特大號), 1934・10.

菊池謙譲,《朝鮮諸国記》, 大陸通信社, 1925.

金広植,〈朝鮮民俗学会の成立とその活動〉,《国際常民文化研究叢書4-第二次大
　　戦中および占領期の民族学・文化人類学》, 神奈川大学国際常民文化研究機構,
　　2013.

金史良,〈朝鮮文学風月録〉,《文藝首都》7(6), 保高徳蔵主宰同人誌, 1939.

木村健二,《日本人物情報大系 第71卷(朝鮮編1)》, 皓星社, 2001.

国際観光局,《観光講話資料》, 国際観光局, 1938.

佐藤碧子,《人間菊池寛》(改訂版), 新風社, 2003.

須貝正義編集兼発行,《モダン日本臨時大朝増刊 朝鮮版》, モダン日本社, 1939.

瀬崎圭二,《流行と虚栄の生成》, 世界思想社, 2008.

鮮満案内所 編,《朝鮮満州旅行案内》, 鮮満案内所, 1932.

高浜虚子,《朝鮮》, 実業之日本社, 1912.

崔載瑞 編, 《国民文学》, 人文社, 1941・11-1945・5.

朝鮮総督府鉄道局 編,《朝鮮旅行案内記》, 朝鮮総督府鉄道局, 1934.

朝鮮総督府 編,《朝鮮鉄道旅行便覧》,朝鮮総督府, 1923.

朝鮮總督府鐵道局,《平壤案内》,朝鮮總督府鉄道局, 1928.

張ユリ,〈雑誌《モダン日本》が構築した〈モダン〉-雑誌のブランド化と読者戦略〉,《文学・語学》(211), 全国大学国語国文学会, 2014a.

張ユリ,〈1930年代後半における雑誌《モダン日本》の編集体制-前線と銃後, 植民地朝鮮をめぐって〉,《名古屋大学国語国文学》(107), 名古屋大学国語国文学会, 2014b.

筒井清忠,《日本型「教養」の運命,》岩波書店, 1996.

鉄道院 編,《AN OFFICIAL GUIDE TO EASTERN ASIA Vol.1》,鉄道院, 1913.

鉄道院 編,《朝鮮満州支那案内》,鉄道院, 1919.

中根隆行,《〈朝鮮〉表象の文化誌—近代日本と他者をめぐる知の植民地化》,新曜社, 2004.

仲村修・しかたしん 他,《児童文学と朝鮮》,神戸学生・青年センタ-出版部, 1989.

南満州鉄道株式会社京城管理局,《朝鮮鉄道旅行案内》,南満洲鉄道株式会社京城管理局, 1918.

日本交通公社 編,〈年表,旅行満洲〉,《日本交通公社七十年史》,日本交通公社, 1934.

日本交通公社 編,《五十年史》, 年譜, 1962.

日本雑誌協会 編,《日本雑誌協会史：第二部　戦中・戦後期》,日本雑誌協会, 1969.

白惠俊,〈1930年代植民地都市京城の「モダン」文化〉,《文京学院大学外国語学部文京学院短期大学紀要》,文京学院大学総合研究所, 2006.

文芸春秋編集部,《文芸春秋》(5), 文芸春秋社, 1932.

平安南道教育会,《平壤小誌》,平安南道, 1932.

洪善英,〈《モダン日本》と〈朝鮮版〉の組み合わせ-その齟齬〉,《アジア遊学》(138), 勉誠社, 2010.

盛合尊至,〈馬海松と《モダン日本》〉,《東北大学国際文化研究》(5), 東北大学国際文化学会, 1998.

森田智惠編,《観光朝鮮 解説・総目次・索引》,クレス出版, 2021.

山田安仁花,〈《モダン日本朝鮮版》出版の背景をめぐって〉,《異文化コミュニケーション論集》,立教大学大学院異文化コミュニケーション研究科, 2016.

渡辺豪,《朝鮮名勝記》,朝鮮名勝記編纂所, 1910.

〈Japanese Olympic committee：History of Japan's Bids for the Olympics〉http://www.joc.or.jp/ (검색일 2016년 3월 7일 10:15)

근대 관광잡지에 부유하는 조선

2021년 10월 20일 초판 1쇄 발행

지은이 | 서기재
펴낸이 | 노경인 · 김주영

펴낸곳 | 도서출판 앨피
출판등록 | 2004년 11월 23일 제2011-000087호
주소 | 우)07275 서울시 영등포구 영등포로 5길 19(37-1 동아프라임밸리) 1202-1호
전화 | 02-336-2776 팩스 | 0505-115-0525
전자우편 | lpbook12@naver.com

ISBN 979-11-90901-60-4